国学品悟大讲堂

庄子中的大智慧

GUOXUE PINWU DAJIANGTANG

古为今用，一套对中国学生真正有用的人生讲义

总策划／邢涛
主　编／龚勋

让青少年受益一生的心灵鸡汤

汕头大学出版社

推荐序

品读经典，受益一生

还原国学真实面貌，与千年智者对话。

- 今天的人们在近百年内所接受的新事物比过去上千年积累的全部还要多，信息的更新速度已经超过了人们的学习速度。一些新知识、新思想还来不及仔细看上一眼就已经开始衰败，迅速成为历史的尘埃。

- 然而，那些在中国历史上辉煌过的传统文化却成为中华民族悠久文明的见证，成为民族的印记和符号。怎样让今天的孩子在这个一日千里、瞬息万变的信息时代里继承我们民族文化璀璨夺目的精华部分呢？这是留给今天的教育工作者的重大课题，也是本套丛书的初衷。

- 首先，不了解中华古典文化，尤其是不掌握其中的精华，将无从体会中华上下五千年一脉相承的精深大义。其次，《论语》《孟子》《庄子》《史记》《资治通鉴》《孙子兵法》《三十六计》，都是经典中的经典，每一部都能撑起一片广阔的文化天空。而在讲述方式上，娓娓道来的"品读"拂去了学术的长袍，回归经典本身，还原一个个真实亲切的智者，找寻亘古不变的真理，阅读变成一场与智慧大师的心灵对话。

- 就让这些映照过繁华盛世的民族文化穿越千年时空，带给当今青少年受益终身的人生智慧。这就是国学的力量。

青少年发展基金会　**林春雷**

审定序

古为今用，学以致用

最经典的原著精粹，最贴心的心灵辅导。

◉ 中华国学源远流长，千年文明积淀了"诸子百家"的思想精粹，成就了"经史子集"的文化大观，孕育了具有独特魅力的民族气质。这是我们中华子孙所能继承的最为珍贵的文化遗产。共享祖先的智慧结晶，研读中华传统国学精华，品悟经世流传的至上真理，含英咀华，对现代人尤其是青少年学生来说称得上一次精神的洗礼。

◉ 在成书过程中，编撰者在精读原典的基础上，将每部著作按照内容重点重新划分篇章，为青少年朋友提取最经典的原著精粹，奉献最精辟的解说注脚，提供最直接的生活指引，给予最贴心的心灵辅导。书中妙语如珠，处处闪现古圣先贤的大智大慧，结合现代人的生存现状，更有睿智独到的见解让人心生感慨，如沐化雨春风。读一段《论语》，领略"万世师表"诲人不倦；念一念《孟子》，体会一代亚圣的微言大义；诵一番《庄子》，品味千年圣者的才智思辨；品一出《孙子兵法》，喟叹兵家决胜千里的气度与韬略……

◉ 这套国学品悟大讲堂系列，一方面提高学生对国学经典的兴趣，了解中华优秀传统文化，更重要的是从中体会为人处世的道理和哲学，古为今用，学以致用，为自己积淀成功的人生。

国家一级语文教师 董 平

[天地与我并生，而万物与我为一]
…【庄子·齐物论】…

前言

与众不同的《庄子》

领略先哲的超凡脱俗，品读睿智处世之道。

- 庄子，名周，战国时代著名的思想家、文学家，著有《庄子》一书。《庄子》流传于世的有三十三篇，其中内篇七篇，一般认为是庄子所著；外篇、杂篇可能掺杂有他的门人和后来道家的作品。

- 庄子是一个奇人，他看破名利，超越生死，主张精神的绝对自由。他对人的生命价值、生存意义的深切关怀，具有启迪人生的积极现实意义，对于日益浮躁的现代人而言无疑是一笔宝贵的精神财富，能让人在纷扰的世界中摆脱俗世的烦恼，寻求到心理平衡，并最终找到属于自己的精神家园。

- 为了让学生朋友领略先哲的深邃哲思，我们精心编写了《〈庄子〉中的大智慧》这本书，选取最能代表庄子思想的名句加以品读，从不同侧面展示庄子淡泊名利、追求自由、睿智处世的思想。本书不仅对所选名句进行了翻译，还设置了"名师讲谈""闲话人生""心灵捕手"板块，力求让读者朋友全方位地理解名句，并获得有益的启示。

- 希望本书能起到清心、静心、养心的功效，让读者朋友能与庄子一般"独与天地精神往来"，得以逍遥自得。

目录

身与心的逍遥 | 001~072

超越功名利禄，让心性回归本然的澄澈与宁静，给心灵一个自由的空间，达到个体精神的自由与逍遥。

002 鲲之大，不知其几千里
　　境界决定人生

006 定乎内外之分，辩乎荣辱之境
　　为自己而活

009 至人无己，神人无功，圣人无名
　　给自己的心一个自由的空间

013 鹪鹩巢于深林，不过一枝
　　知足者常乐

016 瞽者无以与乎文章之观
　　塑造完美心灵

019 终身役役而不见其成功
　　让人生洒脱而从容

022 天地与我并生，而万物与我为一
　　你我都是平等的

026 安时而处顺，哀乐不能入也
　　顺其自然，随遇而安

029 乘物以游心，托不得已以养中
　　乘物以游心

032 人莫鉴于流水，而鉴于止水
　　宁静而致远

035 德有所长，而形有所忘
　　只看拥有的，不看没有的

038 相呴以湿，相濡以沫
　　相逢一笑泯恩仇

041 无为而尊者，天道也
　　生活需要一点"无为"

044 朴素而天下莫能与之争美
　　朴素为美

048 形劳而不休则弊，精用而不已则竭
　　学会生活

051 水之性，不杂则清，莫动则平
　　让心灵回归天然和纯净

054 丧己于物，失性于俗
　　不做倒置之民

057 井蛙不可以语于海
　　打破固有思维

060 凡外重者内拙
　　放下包袱

063 哀莫大于心死
　　没有信念的人生是可怕的

066 不能说其志意，养其寿命
　　保持快乐的心态

069 以天地为棺椁，以日月为连璧
　　坦然面对生死

处世大智慧 | 073~149

学习庄子的全身保生之道,掌握基本的生存智慧,为人处世时将更加成熟。

074 水之积也不厚,则其负大舟也无力
　　 厚积才能薄发

078 尸祝不越樽俎而代之
　　 不要越俎代庖

081 大言炎炎,小言詹詹
　　 不做无谓的争辩

084 物无非彼,物无非是
　　 学会换位思考

088 朝四而暮三,众狙皆悦
　　 高瞻远瞩

091 大道不称,大辩不言
　　 事实胜于雄辩

094 吾生也有涯,而知也无涯
　　 适可而止

097 先存诸己而后存诸人
　　 先做好分内的事

100 为人使易以伪，为天使难以伪
　　　做真实的自己

103 不知其不胜任也，是其才之美
　　　者也
　　　量力而行

107 来世不可待，往世不可追
　　　活在当下

110 明于权者不以物害己
　　　改变自己，适应环境

113 非梧桐不止，非练实不食，非
　　　醴泉不饮
　　　要有高洁的情怀

116 用志不分，乃凝于神
　　　专心是一切艺术与伟业的奥妙

119 处乎材与不材之间
　　　把握分寸

122 自伐者无功，功成者堕，名成者亏
　　　满招损，谦受益

125 君子之交淡若水，小人之交甘若醴
　　　交真正的朋友

128 见得而忘其形，见利而忘其真
　　　鱼和鱼竿，你要哪一样

131　天地有大美而不言
　　　多听少说

134　人生天地之间，若白驹之过隙
　　　时间就是生命

137　好面誉人者，亦好背而毁之
　　　慎言，慎对他人言

140　真者，精诚之至也
　　　真诚是无往不利的一把剑

143　凡人心险于山川，难于知天
　　　防人之心不可无

146　衣以文绣，食以刍菽
　　　不要贪图安逸

身与心的逍遥

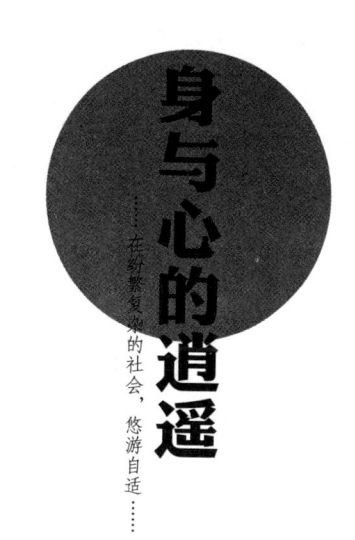

……在纷繁复杂的社会，悠游自适……

- 翻开本章，你的世界观将受到强烈冲击，先哲庄子将打破你的成见，告诉你一些另类的观点。世人都以追求功名利禄为生活的要义，但庄子说，名利不是最有价值的事物，唯有生命才是最宝贵的财富。为了名利而"终身役役""丧己于物""失性于俗"，庄子认为这实际上是一种本末倒置的行为。"有为"就一定好吗？庄子说"非也"，因为"形劳而不休则弊，精用而不已则竭"，生活有时需要适当的"无为"。面对死亡，世人多心生恐惧，然而庄子认为，生不足为喜，死亦不足为惧，顺其自然，坦然面对生命的大限才是正道。

- 当你像庄子一样打破成见，超越世俗的名利价值观，超越生死的束缚，那些像绳子一样套在你身上的世俗看法必然被去除，那时的你便可像庄子一般"乘物以游心"，达到一种生命健全、人生自由的大境界。

《庄子》中的大智慧

鲲之大，不知其几千里

[原文]……

北冥有鱼，其名为鲲。鲲之大，不知其几千里也。化而为鸟，其名为鹏。鹏之背，不知其几千里也；怒而飞，其翼若垂天之云。

选自《庄子·逍遥游》

北海有一条鱼，它的名字叫鲲。鲲非常大，不知道有几千里。鲲变化为鸟，名字叫做鹏。鹏的背，不知道有几千里；鹏奋起而飞时，它的翅膀就像天边的云。这几句是讲做人境界要大，胸襟要宽广，也可以理解为要有远大的志向。

[名师讲谈]……

　　读过《庄子》的人，想必对这几句话印象深刻，这是《逍遥游》的开篇之语。庄子用这几句话为我们描绘了这样一个宏大的境界：不知几千里之大的鲲，化而为鹏，一飞冲天几万里，气势何其大！

　　庄子是一位语言大师，他常常用一些比喻和寓言讲一些大道理。因此，在读《庄子》时，我们要做好这样的心理准备，我们所读到的鱼啊、鸟啊、树啊，其实并不是真的鱼、鸟或是树，而是我们人类。这段话也不例外，鲲和鹏便是你我的化身，确切地说，是你我的心灵。庄子在空间纬度上，描绘了鲲和鹏的气势磅礴，他其实是在告诉我们，人要有开阔的眼界，要有宽广的胸襟。如果我们的眼界不够

宽，只停留在现实世界中，那我们在读这段文字时便只能把它当做神话来看，所看到的也只是鲲和鹏这两种动物。

说到心灵宽广，南宋著名哲学家陆九渊说："宇宙便是吾心，吾心即是宇宙。"法国大文豪雨果也有类似的言论，他说："比大陆广阔的是大海，比大海广阔的是天空，比天空广阔的是心灵。"当境界无限开阔时，我们的心便可像鲲鹏一样，"不知几千里"，那时的我们便可以像庄子一样"心游万仞"，"独与天地精神往来"，忘却名利，看破生死，得以"逍遥游"。

当一个人的认识达到了更高的境界，心灵变得更加开阔时，虽然事物本身并没有改变，但他的所思所想却已发生变化。唐朝禅师青原惟信说："老僧三十年前未参禅时，见山是山，见水是水。及至后来，亲见知识，有个入处，见山不是山，见水不是水。而今得个体歇处，依前见山只是山，见水只是水。"这里讲了参禅的三种境界，其实第三次的"山水"在禅师的眼中已不是原来的"山水"了，只是因为参禅的人心境变化了、超越了，他的所见便也不同。也就是说，由小境界到达大境界是思想和认识达到一定深度的表现。

当一个人的认识达到更高境界时，他的思维方式会发生变化，他的命运也会因此而改变。

[闲话人生]……
三个砌墙工人的境界　建筑工地上，三个工人正在砌一堵墙。一个人走过来问："老兄啊，你们在干什么？"

第一个工人没好气地说："你没有看到吗？我正在砌一堵墙。这种工作实在是无聊透顶！我早就厌倦这样的生活了，要不是为了养家糊口，我早就不干了！"

第二个工人平静地说："我在建造一座高楼，这座楼有八层高，完工后，它将是这座城市最棒的图书馆。"

第三个工人笑容灿烂地说："我正在建造一座城市。因为孩子们将在这里读书，他们长大后又将为这座城市的美好未来贡献自己的力量。所以，我对此满怀期待！"

十年过去了。第一个工人仍旧穿着又脏又旧的工作服在工地上

砌墙；而第二个工人则坐在宽敞明亮的办公室里画图纸，他成了工程师；第三个工人呢，他已经成为前两个人的老板了。

[心灵捕手]……

境界决定人生

  人的境界有大小、高低、宽狭之分，境界不同，那么看待和处理问题的角度自然也就不同。境界越是开阔豁达，角度就越是宽广，反之则相对狭窄。因此，境界开阔的人，往往能跳出常规的思维，能看到常人看不到的方面。比如，同是砌墙工人，第一个人只是看到自己在砌墙；第二个人的境界超过了第一个人，他知道在墙的基础上建造起来的是一座高楼；而第三个人呢，境界最为开阔，眼光也更为长远，他透过一堵墙看到了一座城市。

  人的境界不同，其人生态度也不同，最后导致其命运不同。同样看似简单重复的工作，有人消极接受，过一天算一天；有人却能快乐面对，在简单中构筑自己的梦想。这就是为什么十年后，有的人依然止于之前的境况，而有的人的命运却已发生了重大转折。

  我们的生命是有限的，而心灵却可以无限开阔。就让我们修身养性，开阔心灵，拓展眼界，超越自我，追求卓越的人生。

定乎内外之分，辩乎荣辱之境

[原文]……

且举世而誉之而不加劝，举世而非之而不加沮，定乎内外之分，辩乎荣辱之境，斯已矣。

选自《庄子·逍遥游》

（宋荣子能够做到）整个世界都夸赞他，他却不感到奋勉；整个世界都非议他，他却不感到沮丧。他能认清内我和外物，辨别光荣和耻辱的界限，如此而已。这几句是讲，对自己要有清醒认识，内心要有所坚持，不要生活在别人的言论之下。

[名师讲谈]……

  这几句话评论的是宋荣子这个人。对于那些才智可以胜任一官、行为可以合于乡里规范、德行可以投合于一君、能取得一国信任的人，宋荣子是持嗤笑态度的。这是因为，与他们相比，宋荣子已经达到了一个更高的境界——"举世而誉之而不加劝，举世而非之而不加沮"，通俗一点说，也就是宠辱不惊。宋荣子为什么能够达到如此高的境界呢？原来，他可以"定乎内外之分，辩乎荣辱之境"。

  "定乎内外之分"，即要认识自己，明白什么是自己内在真正的需求，自己应该做什么，不该做什么；"辩乎荣辱之境"，即对于什么是荣誉、什么是耻辱，自己有着清醒的认识，不受别人言论的影响。能够做到以上两点的人，我们说这种人是具有独立人格的人。

具有独立人格的人，从古至今不胜枚举。例如，北宋政治家王安石在变法过程中遇到重重阻挠，守旧派制造谣言，对他进行人身攻击。面对这些，王安石不为所动，以"天变不足畏，祖宗不足法，人言不足恤"的信念，坚决推行变法。虽然变法最后失败了，但王安石所表现出来的那种"举世而非之而不加沮"的精神却为后人所称道。

意大利诗人但丁曾说："走自己的路，让人家去说长道短！要像一座卓立的塔，不因为暴风而倾斜。"荀子也曾说，"不诱于誉，不恐于诽"。我们应该坚持自己的信念，保持自己独立的人格。

[**闲话人生**]……

不要在意别人的看法　　一位年轻作家初到纽约，马克·吐温请他吃饭，陪客有30多人，都是本地的达官显贵。临入席的时候，那位作家越想越害怕，浑身都发起抖来。

"你哪里不舒服吗？"马克·吐温问。

"我怕得要死。"这位年轻作家说，"我知道，他们一定会请我发言，可是我实在不知道该说什么，一想起可能要在他们面前现丑，

我就心神不宁。"

"呵呵，你不用害怕，我只想告诉你——他们可能要请你讲话，但任何人都不指望你有什么惊人的言论。"

[心灵捕手]……

为自己而活

其实，马克·吐温的话对我们很多人来说都是适用的。我们都很渴求自己在别人眼中是完美的，因此我们在做事的时候，或多或少会在意别人对自己的看法，在乎别人对自己的评论，这让我们做起事来畏首畏尾、优柔寡断。比如上课的时候，不敢回答老师的问题，生怕自己回答不对而遭到同学们的嘲笑。其实，很多时候，别人并没有把太多的精力放在我们身上，我们的表现是好是坏，和他们并没有多大关系。一切都是因为我们把自己看得太重所致。

听取别人的意见，有时固然可以提高自己，但是一味地在意别人的看法，按照别人的看法而活，久而久之，就会失去自己的个性，导致自己的特质荡然无存，最终丧失自己的独立人格。

人生在世，不是为别人的看法而活，而是为了自己而活。放下负担，才能尽情地展示自己，实现自己的理想与抱负。

至人无己，神人无功，圣人无名

[原文]……

若夫乘天地之正，而御六气之辩，以游无穷者，彼且恶乎待哉！故曰，至人无己，神人无功，圣人无名。

选自《庄子·逍遥游》

若能顺着自然的规律，而把握六气的变化，以游于无穷的境域，他还有什么要依赖的呢！所以说：至人无己，神人无功，圣人无名。这几句话是说只有忘掉自己、忘掉功、忘掉名，无所依赖，才能达到绝对的自由。

[名师讲谈]……

要想理解这几句话，必须结合它前面的文字来看。庄子在这几句话之前提到了宋荣子、列子等人。宋荣子是一个"定乎内外之分，辩乎荣辱之境"的人，他并不汲汲去追求世俗的声誉。对于我们普通人来说，能达到这个境界，已经是非常不容易的了。然而在庄子看来，这还不够，还有人比宋荣子的境界高。"列子御风而行，泠然善也，旬有五日而后反。"列子可以乘着风在空中飞行，同时对于世人所谓的福也没有汲汲去求取。但是庄子说，列子"犹有所待"，什么意思呢？就是说，列子仍然有所依赖，还没有达到完全自由的境界。

宋荣子、列子他们都是"有所待"，那什么样的人是无所待呢？庄子说，"乘天地之正，而御六气之辩，以游无穷者，彼且恶乎待

哉！""天地之正"，即天地之正气，也就是大自然的固然规律；"六气"，即"阴、阳、风、雨、晦、明"；"六气之辩"就是由六气构成的万物；"无穷"即时间、空间都没有边界。一个"乘天地之正，而御六气之辩"的人，是一个内在的精神力量超越外在物质条件限制的人，他的精神实现了自由，因此他可以在无穷中优哉游哉，逍遥自得。这种境界比宋荣子、列子的境界都高，是最高境界。这种境界对我们来说是一个目标，是一个追求的理想境界。

紧接着，庄子提到了三种人——至人、神人、圣人。至人忘掉了自己，神人忘掉了功，圣人忘掉了名，也就是说他们将自我从功名利禄、是非善恶乃至从自己形骸的限制中解脱出来，因此达到了独与天地精神往来的境界，获得了绝对自由。

自由是庄子哲学的重要命题，与儒家、墨家强调人的社会责任不同，庄子更注重人的个体价值和个人自由。在庄子看来，所谓的仁义道德、功名利禄、世俗价值等不过是束缚人、奴役人的篱樊。因此当楚王以千金聘请庄子出来做官时，庄子拒绝了，他说自己宁愿像乌龟那样自由自在地戏游于污泥之中。

现在的社会，是一个物质膨胀的社会，大多数人被"功""名""己"所累，而不能让自己的心灵得到休息，让自己的精神得到自由。也许我们应该不时地停一停追逐的脚步，使自己从各种篱樊的束缚中解放出来，让自己的身心得以逍遥自由。

[闲话人生] ……

居里夫人淡泊名利　居里夫人是波兰著名科学家，曾两次获得诺贝尔奖，各种奖章16枚，各种名誉头衔117个，但她对所得的这些荣誉表现得毫不在意。

一天，居里夫人的一个女友来她家做客，忽然看见她的小女儿正在玩英国皇家学会刚刚奖给她的一枚金质奖章。女友大吃一惊，忙问："能够得到一枚英国皇家学会的奖章，是极高的荣誉。你怎么能让孩子玩呢？"居里夫人笑了笑说："我是想让孩子从小就知道，荣誉就像玩具，只能玩玩而已，绝不能永远守着它，否则将一事无成。"

[心灵捕手] ……

给自己的心一个自由的空间

在别人眼里至高无上的荣誉，在居里夫人看来，只不过是玩具。居里夫人淡泊名利的做法，不禁让人敬佩。与她形成鲜明对比的是，芸芸众生中有多少人为了所谓的功名而牺牲自己的性命，又有多少人为了金钱而忙忙碌碌，还有多少人为了权势而倾轧争斗。

其实，仔细想一想，这世上的功名利禄，都是一些身外之物。你可能有很多钱，你也可能名扬四海，但是，它们都不是生命所必需的内容，当生命逝去后，钱你带不走，名声过不了多久也会被人遗忘。但是大多数人往往不懂得这个道理，他们被这些外物所吸引，将目光全部聚焦在这些事物上，结果让自己的心灵被套上枷锁，丧失心灵自由，进而迷失自己的本性，让自己的本性受到戕害。

为了我们的身心健康，也许我们应该静下心来，思考一下人生的意义和价值，分辨一下那些所谓的名利荣誉是否真的是必需的。

庄子推崇"无己，无功，无名"，我们也不妨学学庄子，忘掉名和利，停止对无需的外物的追求，给自己的心一个自由的空间，让其遨游无穷。

鹪鹩巢于深林，不过一枝

[原文]……

鹪鹩巢于深林，不过一枝；偃鼠饮河，不过满腹。

选自《庄子·逍遥游》

鹪鹩在深林里筑巢，所需不过一枝；偃鼠到河里饮水，所需不过满腹。这几句话是形容一个人对物质生活所求不多，后来多用于勉励人要懂得知足常乐。

[名师讲谈]……

这几句话出自古代隐士许由之口。故事是这样的：上古实行禅让制，帝尧想找一个贤德的人作为接班人，他找到了隐士许由，说是要把天下让给他。在一般人看来，这可是求之不得的大好事啊。你想，有了天下，就意味着有了名和利，有了一切。没想到许由坚决拒绝了，他说自己不是一个追求外在虚名的人，能像鹪鹩一样有个安身之所，能像鼹鼠那样可以温饱，这样的生活对他来说就足够了。

许由是庄子推崇的人，在庄子看来，高士许由具有的境界足以化解许多无谓的烦恼，此时的他不必再重视物质、声名、地位、权力，他所需要的只是最低限度的物质条件而已。实际上，庄子是借着许由之口表达了自己的淡泊心志。在其他篇幅中，庄子也多次表达了自己的这种思想。

我们知道，庄子继承和发展了老子的学说。在说到清心寡欲这一论题时，老子说"祸莫大于不知足，咎莫大于欲得"，意思是最大的祸害是物欲上的不知足，最大的过失莫过于贪婪的欲望。

不仅道家的老子、庄子提倡淡泊、知足，儒家学派的创始人孔子也曾称赞他的弟子颜回安贫乐道："一箪食，一瓢饮，人不堪其忧，回也不改其志。贤哉，回也！"

然而有些人偏偏不懂得知足，追求物质享受充斥着他们的思想，争名逐利成了他们生活的唯一目标。当一个人将自己的精力全部用在对物质的追求上，自然会缺少对心灵的关注，当欲求得不到满足时，又会心生烦恼。人生苦短，何必让那些微不足道的不快乐萦绕在自己心间呢？

[闲话人生]……

孩子和硬币　一天，一个男子在街上看见一个孩子正在号啕大哭，他走过去问道："小孩，你为何哭呀？"

孩子止住哭声，回答说："我刚刚丢了一枚硬币。"

男子见孩子哭得很可怜，就从自己口袋中拿出一枚硬币，送给他。谁知孩子又哭了起来。

男子大惑不解，问道："小孩，你怎么还哭呀？"

孩子回答说："如果我没有遗失那一枚硬币，现在我就有两枚了。"

[心灵捕手]……

知足者常乐

我们活在这个世上，要懂得什么是真正所需的、什么是多余的。例如，处于成长阶段的学生由于心智还不成熟，往往表现出虚荣、攀比。名牌服装、高档化妆品、手机、数码产品……别人有这些，自己也一样不能少。在他们看来，拥有了这些东西便可以赢得别人羡慕的眼光。而一旦得不到这些东西，不是对父母心有怨言，便是产生自卑心理，觉得自己低人一等。但仔细想想，这些东西真的是自己所必需的吗？提出这样那样的要求是不是已经给父母造成了经济压力呢？

"人心好比蛇吞象。"当对物质的追求无限增长时，也就变成了一种习惯。当这种习惯深入人们的心智时，逐渐成为这个人的性格、品性，让人变得贪婪。贪婪一旦被诱发出来，受它支配的人就变得总也不满足，心中再也没有快乐的感觉，就像那个丢钱的孩子那样。一个人若能知足，自然对外物不会生出多余的欲望，这时不仅可以做到常乐，而且变得更加刚强，即"无欲则刚"。

瞽者无以与乎文章之观

[原文]……

瞽者无以与乎文章之观，聋者无以与乎钟鼓之声。岂唯形骸有聋盲哉？夫知亦有之。

选自《庄子·逍遥游》

无法和盲人共赏文彩的美观，无法和聋子共赏钟鼓的乐声。岂止是形骸有聋有盲吗？心智也有的啊！这几句是说人的心灵也有残全之分，应该努力提升自己的思想境界，达到完美。

[名师讲谈]……

关于这几句话，有这么一个故事。

有一天，肩吾对连叔说："接舆告诉我，在遥远的姑射山上住着一个神仙。这个神仙的肌肤若冰雪般洁白，容态如处女般柔美，不吃五谷，吸清风，饮露水，乘着云气，驾御飞龙而遨游于四海之外。我认为接舆口出狂言，我不相信。"本来，肩吾以为连叔会随声附和，站在他这一边。没想到连叔毫不留情，把肩吾骂了一顿，说他是心灵上的盲人与聋子，根本理解不了接舆，也就是说他达不到接舆的境界，和接舆不是一个层次上的人。

如果说盲人无法看到美好的景物，聋子无法听到动听的音乐，是因为受限于他们形体上的缺陷，那么心灵上的缺陷则主要是因为知识不够广博、眼界不够宽阔、品德不够完美等原因造成的。

一位雕刻家正在一刀一刀地雕琢一块尚未成型的大理石，一个小男孩好奇地在一旁看着他。雕像逐渐成形，头部、肩膀、手臂、身躯，接着头发、眼睛、鼻子、嘴巴……一个可爱的小女孩出现了。小男孩万分惊讶地问雕刻家："你怎么知道她藏在里面的呢？"雕刻家哈哈大笑，他告诉小男孩："石头里原本什么也没有，只不过是我用刻刀把我心中的天使搬到这里来了。"雕刻家基于自己的经验、学识，心中早已有了小女孩的形象，所以在未雕刻之前，他看那块石头已不是一块石头了，而小孩子甚至我们一般人因为受限于自己的知识、见闻，看石头便只是石头，无法达到雕刻家的境界。

马克思说过："对于不懂音乐的耳朵，最美的音乐也没有意义。"的确，生理的局限会使我们丧失对美的感悟；而心智的缺陷，更会使我们丧失对"道"的领悟。虽然拥有强健的身体，可是如果不修身养德，不努力增长智慧，每天只知道饱食终日、浑浑噩噩，不能感知世界的美丽，不能洞悉自然的道理，这样的人生又有什么意义呢？

[闲话人生]……

残废的心灵是自己设置的　有一个盲人，性情特别暴躁。如果有人不小心碰着他了，他就立刻破口大骂："我眼瞎了，难道你眼睛也瞎了？"人们因为他是盲人，笑一笑，谁也不去计较。

　　有一天，这个盲人乞讨了半天也没有多少收获，心里十分气愤。这时一个人突然撞在了他身上，他立即大骂："你瞎了吗？"不料这人恰巧也是个盲人，性格更为暴戾，听见骂声，也破口大骂："难道你是瞎子吗？"两人谁也不知道对方是盲人，互相谩骂，市人大笑。

[心灵捕手]……

塑造完美心灵

　　眼盲、耳聋并不可怕，心盲、知盲才是悲哀。两个盲人不懂得宽容别人，他们不光形体上有残疾，心灵也是残缺的。我们应该从两个盲人身上吸取教训，提升自己的思想境界，达到心灵和人格上的完美。

　　具体来说如何达到完美呢？淡泊名利，开阔心胸，关爱别人，这些做法都能够提高自己的品德修养，避免自己成为心盲。除此之外，还要扩充自己的知识积累，开阔自己的眼界，以消除心智上的残缺，避免自己成为知盲。

　　每个人都是不完美的，但是我们可以通过一天天的努力、一次次的行动，来使自己离完美更近。

终身役役而不见其成功

[原文]……

终身役役而不见其成功,苶然疲役而不知其所归,可不哀邪!

选自《庄子·齐物论》

终生劳劳碌碌而不见得有什么成就,疲倦困苦不知道究竟为的什么,这不是很悲哀的吗!这几句话是说人为了欲望而疲于奔命,非常可悲。

[名师讲谈]……

在希腊神话中,西西弗斯触犯了众神,众神为了惩罚他,令他昼夜不休地推巨石上山。可是每当巨石到达山顶时,就会因重力滚回山脚。西西弗斯就这样推着石头,永远没有休息的一天。西西弗斯努力后的徒劳与无望,说明了人生有其悲哀的一面。庄子对此感同身受,他说,芸芸众生辛辛苦苦劳碌一生,做物质的奴隶,做别人的奴隶,做自己的奴隶,最后呢,却未必有什么成就。更可悲的是,回头想一想,我这一生忙忙碌碌,生命疲倦到极点,究竟是为了什么呢?不知道。仔细想一下这几句话,人生若是这样,可真是让人感到悲哀。

庄子之所以会产生这样的发问,是有其社会原因的。庄子生活的战国时代,正是社会大变动时期。庄子看不惯社会的污浊,愤而出世。正是因为他对人生有完美的期待,所以他的所见都是痛苦,因此他的发问才充满了人生的伤感。

到底应该如何看待人生价值、人生意义的问题呢？儒道两家都有明确的态度，但他们的态度截然相反。儒家强调对社会的贡献，赋予个人"任重而道远"的社会责任感，认为人生要有意义，就必须投入到社会的洪流中，改造社会。与儒家相比，庄子更注重个人价值的实现。他认为，人若是被外物束缚，不能快意人生，这样的人生是失败的，也是痛苦的。在庄子看来，生活快乐而幸福，生命自由自在，能找到心灵的归宿，这样的人生才是成功的，这才是实现了人生的价值。早日找到人生的目的，并坚定地向着目标前进吧。

[闲话人生]……

花20块钱买时间　一位父亲下班回家很晚了，发现他五岁的儿子靠在门旁等他。

"爸，我可以问你一个问题吗？你一小时可以赚多少钱？""20块，你为什么问这个问题？"父亲不耐烦地说。

"哦！那你可以借我10块钱吗？"儿子问道。父亲发怒了："我每天辛苦工作，累死累活，你一个小孩要什么钱，快点去睡觉！"

约一小时后，父亲平静下来了，开始想着他可能对孩子太凶了。

他来到孩子房间，说："我刚刚可能对你太凶了。给，这是你要的10块钱。""爸，谢谢你。"小孩说着，从枕头下拿出一些被弄皱了的钞票。

父亲看到小孩原来有钱，不禁火冒三丈："为什么你已经有钱了还向我要？"小孩把钱递给父亲："爸，我原来攒了10块钱，加上你刚刚给我的10块，现在有20块钱了，我可以向你买一个小时的时间吗？明天请早一点回家，我想和你一起吃晚餐。"

[心灵捕手]……

让人生洒脱而从容

"天下熙熙皆为利来，天下攘攘皆为利往。"终日忙忙碌碌，疯狂地争名逐利，得到了房子、车子、票子、功名、权势、荣誉……在世俗人的眼里，你是一个成功的人，你威风八面、扬扬自得，但是繁华过后，你有没有想过，这样的人生真的是一个成功的人生吗？在得到这些所谓的成功的同时，你是不是也已经失去了一些什么呢？整日劳累，已经把自己搞得身心俱疲；为了多拿一些薪水而早出晚归、加班加点，这自然少了和家人相处的时间。可最终得到的真的比失去的更有价值吗？或许我们应该稍微放缓终日奔跑不停的脚步，问一下自己："什么样的人生才是有价值的？我耗尽心力去做的一些事情真的是有意义的吗？"

节制自己的欲望，或许这样才能让自己的人生更加洒脱，更加从容。

天地与我并生，而万物与我为一

[原文]……

天下莫大于秋毫之末，而大山为小；莫寿于殇子，而彭祖为夭。天地与我并生，而万物与我为一。

选自《庄子·齐物论》

天下没有比秋毫的末端更大的东西，而泰山却是小的；没有比夭折的婴儿更长寿的，而彭祖却是短命的。天地和我并存，而万物与我合为一体。这几句话是说宇宙万物是同一的、平等的。

[名师讲谈]……

秋天鸟儿新长出来的毛称为毫毛，毫毛的末端当然是非常小的了，可是庄子说"秋毫之末"是天下最大的；五岳之尊的泰山够大吧，在庄子看来，它却是小的。夭折的婴儿寿命多短啊，庄子却说他们是长寿的；能活八百岁的彭祖够长寿的了吧，庄子却说他短命。读到这里，我们不禁被庄子的言论搞糊涂了。怎么一切东西在庄子眼里都倒置呢？

我们来看，这几句话选自《齐物论》，"齐物"即"物齐"，庄子认为，世界万物表面看起来千差万别，归根结底却又是齐一的，这就是"齐物"。举一个例子来说，我们手中看的书、喝水用的杯子，甚至你我，这些事物看起来毫不相干，性质和用途也不同，但是从物质的构造来看，它们都是由分子、原子这样的微粒构成的，它们来源

于大自然，最后又会随着形体的消失，而复归于大自然。因此，从这个角度来看，万物是无差别的。

在"齐物"的前提下，事物不是绝对的，而是相对的，大和小的概念也是相对的。在你眼中看似细微的秋毫之末实际上包含了无限丰富的内容，它具有成为物质所具有的一切特性；而泰山虽看似大，但是它与整个宇宙比起来，也不过是沧海一粟，这样一来，说它小，自然是没错的。同样的道理，人的寿命也不存在长短的区别。因此，站在一个绝对的角度来看，天地和我并存，而万物与我合为一体。

庄子不仅在《齐物论》里将"万物为一"的观点表达得淋漓尽致，他在《德充符》这篇文章里，又借孔子之口讲述了万物相同相异的道理，他说："从万物相异的一面去看，肝和胆就如同楚国和越国相距那么远；从它们相同的一面去看，万物都是一样的。"

既然万物为一，在看待形形色色、性质不同的事物时，就应该消融它们之间的差别，将它们视之为无差别的"齐一"。于我们今人而言，可以理解为树立万物平等的观点，公平地看待周围的人和物。

[**闲话人生**]……

再美的花也是一种草　　学校准备组织孩子们搭车到百里外的县城去参加作文竞赛。孩子们听了又兴奋又担忧，兴奋的是，他们能够坐上大汽车去县城里看看；担忧的是，他们这群山里的孩子，作文能赛过城里的学生吗？

头发花白的老校长看出了孩子们的忧虑，他问："你们常常上山下田，谁能说出一种不会开花的草？"

不会开花的草？蒲公英是会开花的，它的花朵金黄金黄的；狗尾草也是会开花的，它那狗尾巴似的绿穗穗就是它的花朵；就连那些麦田里的荠荠草也是会开花的，它的花洁白洁白的，像一颗颗晶莹的露珠。孩子们想来想去，把每一种草都想遍了，可谁也没有想出有哪一种草是不会开花的。最后，孩子们摇摇头说："老师，没有一种草是不开花的，所有的草都会开花。"

老校长笑了，说："是的，孩子们。栽在精美花盆里的花都是一种草，而生长在田边和地头的草也是一种花啊。不论生活在哪里，你们和其他人一样，都是一种草，也都是一种花。记住：没有一种草是不会开花的，再美的花也是一种草！"

[心灵捕手]……

你我都是平等的

在著名的《独立宣言》中，美国总统杰弗逊慨然高呼："人生而平等！"是呀，我们每一个人都是这个世界上独一无二的个体，每个人在人格和法律地位上都是平等的，每一个人都有自己的过人之处，所以我们没必要向位高权重者低头，也不应该看轻不如我们的人。认为自己处处不如别人，是一种不自信、不自尊的表现；认为自己处处高过别人，是一种自视甚高的表现，也是一种幼稚的表现。

人人都是平等的，因此，在与别人的交往过程中，我们应该具备自尊和尊敬别人的意识，和别人保持平等地对话。不看轻自己，不允许别人侮辱自己；但也决不轻视别人，而是礼貌待人，理智地尊重别人。

现代社会的进步，就是人和人之间从不平等走向平等的过程，是平等逐渐实现的过程。只有树立人人平等的思想，人际交往才能更加和谐，社会才能更加健康、快速地发展。

让我们记住老校长的话："没有一种草是不会开花的！"

安时而处顺，哀乐不能入也

[原文]……

安时而处顺，哀乐不能入也，古者谓是帝之悬解。

选自《庄子·养生主》

安心适时而顺应变化，哀乐的情绪便不能侵入心中，古时候把这叫做解除倒悬。这几句是说人应该安于时机、顺应自然，如果喜乐于事无补，则平静接受。

[名师讲谈]……

这几句话出现在秦失吊唁老子的故事之后，事情是这样的：老聃死了，他的好朋友秦失前来吊唁。秦失仅仅哭了三声就出来了。老子的学生觉得不可思议：既然两人是好朋友，秦失怎么能如此淡漠呢？秦失告诉他们说，许多人都舍不得老子离开，哭他好像哭自己的亲人一样。但这样的做法忽略了人所禀赋的生命长短，也就是所谓的逃避自然的刑法。老子在他该来的时候应时而来，在他该去的时候顺理而去，这一切都是顺应自然的变化。

其实，庄子是借秦失之口，表达了自己对生死的看法和应采取的态度。庄子认为，从万物为一的角度来看，生和死是一体的，生就是死，死就是生。生和死都是顺应自然的变化，人不应该乐生，也不应该恶死。只有安于时机，顺应自然，才能解除被外物束缚的痛苦，达到"不以物喜，不以己悲"的境界。而且，从养生的角度来看，只有保持内心平静，才有利于养生，于事无补的喜悦情感进驻内心，只会打破内心的平静，对养生没有一点好处。

在本篇中，"安时而处顺"是特定的，是对生死而言。其实，我们可以把眼光放开些来看问题。在人生的历程中，我们可能会遇到这样那样难以改变的境况，与其一味地悲叹，让自己的内心受尽煎熬，不如平静接受，随遇而安，给自己的心一片自由的天空。

[闲话人生]……

随时，随性，随遇，随缘，随喜 三伏天，禅院的草地枯黄了一大片。"好难看啊！快撒点草籽吧！"小和尚说。"等天凉了。"师父挥挥手，"随时！"

中秋，师父买了一包草籽，叫小和尚播种。秋风起，草籽边撒边飘。"不好了！好多种子都被风吹飞了。"小和尚喊。"吹走的多半是空的，撒下去也发不了芽。"师父说，"随性！"

撒完种子，几只小鸟飞来啄食。"种子都被鸟吃了！"小和尚急得跳脚。"没关系！种子多，吃不完！"师父说，"随遇！"

半夜一阵骤雨，小和尚冲进禅房："好多草籽被雨冲走了！""冲到哪儿，就在哪儿发！"师父说，"随缘！"

一个星期过去了。地面长出青翠的草苗，没播种的角落也泛出了绿意。小和尚高兴得直拍手。师父点点头："随喜！"

[心灵捕手]……

顺其自然，随遇而安

"随"不是跟随，是顺其自然，随遇而安，不怨怼，不躁进，不过度，不强求。

现在的社会提倡努力拼搏的精神，凡事努力争取是一种积极向上的态度，是适应这个社会所必需的一种态度。但是我们也必须清醒地认识到，限于各种主观、客观的条件，生活中有许多事不是争取就能得到的，当我们的努力达不到自己定下的目标时，就需要我们有一种顺其自然、随意而安的态度——得之泰然，失之坦然。

得到了，固然好，得不到，也没必要伤心叹气，因为一味地强求，不知变通，往往自寻烦恼。

《菜根谭》中有句话说得好："宠辱不惊，闲看庭前花开花落；去留无意，漫随天外云卷云舒。"让我们记住这句话，做一个智慧而豁达的人。

乘物以游心，托不得已以养中

[原文]……

且夫乘物以游心，托不得已以养中，至矣。

选自《庄子·人间世》

顺着事物的自然而悠游自适，寄托于不得已而蓄养心中的精气，这就是最好的了。这几句话是说如何做到"游心"。

[名师讲谈]……

庄子在《逍遥游》篇中提到，要想做到逍遥，必须"无所待"。在这里，庄子告诉了我们逍遥的另一种做法——"乘物以游心，托不得已以养中"。

有的学者将"乘物"理解为"骑物"，也就是说，只有做到人驾驭物，即"物为心役"，才能够"游心"。有的学者则将"乘物"解释为"顺应事物的本性"。不论是将"乘物"解释为"骑物"还是"顺应事物"，在这里都能讲得通。因为只有"物为心役"，心才能做物的主人，心才能游；同时，也只有顺应万物，才能真正体悟大道，才能让心得以自由遨游。

庄子多次提到"游"，如"乘天地之正，而御六气之辩，以游无穷"（《逍遥游》），"立乎不测，而游于无有者也"（《应帝王》）。不过，庄子的"游"不是形体的自由，而是特指心灵，也就是精神，因此，庄子的"游"也就成了"游心"，如"汝游心于淡，合气于漠，顺物自然而无容私焉，而天下治矣"（《应帝王》），"游心于物之初"（《田子方》），"游心于无穷"（《则阳》）。"游心"是挣脱了一切樊篱和外物的束缚之后的自由，是超越了一切有限之后的无限，是一种自由的精神体验。在这种体验中，个人好像进入了另一个清澄浩渺、虚寂无涯的空间之中，无拘无束，无挂无碍，会感到莫大的自由和愉快。

为什么要追求精神的自由呢？原来这是由"不得已"造成的。生活中总有一些无奈和不如意之事，我们必须承认这个现实。比如，庄子生活的战国时代，诸侯混战，尸横遍野，"以强凌弱，以众暴寡"。面对这样污浊的现实，庄子只好寄托于"不得已"以"养中"。"中"就是心，"养中"就是"养心"，也就是修身养性。怎样修身养性呢？孟子说："养心莫善于寡欲。"除了"寡欲"，一切顺应自然，保持平和心态也是养心之道。

在这个生活节奏极快的社会，我们如果能做到"乘物以游心，托不得已以养中"是再好不过了。

[闲话人生]……

放下就是快乐 有一个富翁背着许多金银财宝,去远方寻找快乐。可是走过了千山万水,他也未能寻找到快乐,于是沮丧地坐在山道旁。一个农夫背着一大捆柴草从山上走下来。富翁对农夫说:"我是个令人羡慕的富翁。请问,我为何没有快乐呢?"

农夫放下沉甸甸的柴草,舒心地揩着汗水:"快乐也很简单,放下就是快乐呀!"富翁顿时开悟:自己背负那么重的珠宝,总怕别人暗害,整日忧心忡忡,快乐从何而来?于是富翁将钱财接济穷人,专做善事,慈悲为怀。这样的做法滋润了他的心灵,他也从中尝到了快乐的味道。

[心灵捕手]……

乘物以游心

身背财宝的富翁到处寻找却怎么也找不到快乐,原因在于他过于重视身上背着的金银财宝等外物,"心被物役"。这样的心灵好比是被压上了一座大山,抑或是被上了锁,心灵不能够悠游自适,何来快乐之言呢?而当他将牵挂的财物放下并救济别人时,不仅帮助了别人,自己也从中受益,做到了"养心",还从中收获了快乐。

将名缰利锁打开,不为世俗的功名而汲汲追求,不为鸡毛蒜皮的小事烦心劳神,心无挂碍,将一切都看得开、放得下,做自己心灵的主人。乘物以游心,给自己的心一片自由的空间,让被禁锢的心灵重获自由,在自由的空间里悠游翱翔。

人莫鉴于流水，而鉴于止水

[原文]……

人莫鉴于流水，而鉴于止水，唯止能止众止。

选自《庄子·德充符》

人不在流动的水面上照自己的影子，而在静止的水面照自己的影子，唯有静止的东西才能使他物静止。这几句话是说心灵只有如同静水那样波澜不兴，才能了悟世间万物。

[名师讲谈]……

庄子在《德充符》这篇文章中，杜撰了一系列的身残之人，这段关于水的文字也和一个残疾人有关。这个断了脚的残疾人名叫王骀，是鲁国人。王骀从事教书工作，跟着他学习的人和孔子的弟子一样多。孔子的弟子兼朋友常季这下不明白了，他问孔子，王骀为何有如此大的魅力。孔子回答说："人莫鉴于流水，而鉴于止水，唯止能止众止。"也就是说，静止的水可以当镜子用，用来看清自己的容貌；而静止的心灵则可以照见世间万物。王骀能够做到心如止水，不被外物所影响，他可以体察万物，人们因此可以以他为师。

庄子实际上借孔子之口表达了自己的看法。我们可以把水看做人的心境，如果心里的欲望和杂念过多，那么心就会像流水一样流动不止，这样的心灵既无法体察万物，也看不清自己。只有做到心如止水，了无杂念，心里一片澄静，才能了悟人生的大智慧。怎样达到心灵平静呢？那就是"止"。人们出现痛苦、烦恼的情绪，就是因为各种念头不能停止，当你停止各种私心杂念，心无旁骛，心灵自然可以平静。

自古以来，人们都把心灵的宁静看做一种很高的境界。古希腊哲人说："把尘世的礼物堆积到愚人的脚下吧，请赐给我不受烦扰的心灵！"诸葛亮在《诫子书》中也曾说："夫君子之行，静以修身，俭以养德，非澹泊无以明志，非宁静无以致远。"唐朝白居易在《玩止水》中写道："动者乐流水，静者乐止水；利物不如流，鉴形不如止。"意思就是：活泼的人喜欢流动的水，文静的人喜欢静止的水。洗涤物品时要用流动的水，当镜子用时要用静止的水。或许白居易看到了静水的功效，才喜爱"玩止水"。

在充满各种诱惑的今天，别说是心如止水，就是心灵深处能获得片刻的平静，那也是很难的事。为了名和利，人心变得浮躁不安，起早贪黑地奔忙，面带倦容，身心憔悴。也许我们应该学学古人，多照一照静水，使自己波动不止的心平静下来。

[闲话人生] ……

最美妙的音乐　有一个人很喜欢过乡下的恬静生活。一天晚上，他一边兴致勃勃地向朋友描述他的乡间旅行，一边打开录音机，对朋友说：

"我让你听一段我录制过的最美妙的音乐。"

朋友好奇地等待着，可听不到一丝声音。

"什么都听不见。"朋友不耐烦地叫嚷起来。

"那就是了，"他说，"你简直无法想象，要找个地方录制这样一段寂静，该有多难。"

[心灵捕手] ……

宁静而致远

保持心灵平静虽然很难，但是非常有必要。我们都有这样的体会：在情绪不稳定、内心不平静时，很容易做出错误的判断或错误的决定；而当情绪稳定、心平气和时，往往头脑清晰，能做出比较正确的决定，而且做事效率也很高。这或许就是以静制动的效果吧。

心灵的宁静，是一种超然的境界！成功了，不会欣喜若狂；失败了，也不会心灰意冷。凡事顺其自然，遇事处之泰然，得意时淡然，失意时坦然。

保持一颗平静的心，心志便能不随外物的变化而波动，这样自然能够忘却名利，少了许多无端的烦恼，能得以充分享受快乐的人生。

就让我们学学故事中的那个人，在百忙中，丢开一切，悠然遐想，让心灵获得宁静，让人生远足。

德有所长，而形有所忘

[原文]……

故德有所长，而形有所忘。人不忘其所忘，而忘其所不忘，此谓诚忘。

选自《庄子·德充符》

    所以只要有过人的德性，形体上的残缺就会被人遗忘。人们如果不遗忘所应当遗忘的（形体），而遗忘所不应当遗忘的（德性），这才是真正的遗忘。这几句是说应破除外形残全的观念，而重视人的内在。

[名师讲谈]……

    在《德充符》这篇文章里，庄子杜撰了许多残畸之人的故事，包括断了脚的申徒嘉、断了脚趾的叔山无趾、面貌丑陋的哀骀它，等等。

    同为伯昏无人的弟子，身为执政大臣的子产看不起断了脚的申徒嘉，不愿与他一起出入。申徒嘉告诉子产，老师伯昏无人从来没让自己感觉到是断了脚的人，而子产却以外貌的残全来衡量他。申徒嘉看破形体的一席话让子产觉得自己很浅薄。

    断了脚趾的叔山无趾来到孔子门下求教。孔子不愿接收他。叔山无趾说："我因为年轻无知使身体受到损害。现在我知道生命中有比脚更尊贵的东西，所以我来求教。我把先生当做天地，哪里知道先生是这样的啊！"叔山无趾的悔改精神让孔子马上意识到自己很浅陋。

他告诉弟子应该向叔山无趾学习,自觉地更正、弥补过错。

哀骀它的故事更是神奇。男人和他相处,想念他不舍得离开。女孩子见了他,就会请求父母将自己嫁给他。这样的女孩子有十几个。

这些人或者身体残缺,或者样貌丑陋,但他们为什么会受到别人的尊敬,给人以感化的力量呢?这是因为他们拥有健全、超脱的心灵,能散发出一种人格的魅力,让人忘却他们身体的残疾,而不知不觉被他们所吸引。也就是说,他们是形残而德全的人,是一个"有德者"。一个"有德者"是一个道德充满者,他能从外在的、有形的东西中超脱出来,因此他也不会被这些有形的形体所束缚。

庄子告诉我们,应该看重无形的德,而忘掉有形的形体。但我们常常是关注或记住那些本该忘掉的东西,而忘掉那些不该忘的东西。

[**闲话人生**]……

只看拥有的 有一个名叫黄美廉的女子,自小就患了大脑麻痹症,这种病会使肢体失去平衡感,连说话也说不清楚。但这个女子硬是靠她的顽强意志,考上了美国加州大学,并获得了艺术博士学位。

在一次演讲会上,一个中学生冒昧地问她:"你从小就长成这个样子,请问你怎么看你自己?"

她笑了笑,十分坦然地在黑板上写下了这么几行字:

一、我好可爱;

二、我的腿很美;

三、爸爸妈妈那么爱我;

四、我会画画;

五、……

最后，她以一句话作结论："我只看我拥有的，不看我没有的。"

[心灵捕手]……

只看拥有的，不看没有的

有些人的智力或肢体缺陷是天生的，有些人则是后天意外造成的。这些人表面看起来比智力正常、四肢健全的人不幸，但实际上他们的心或许比那些"正常"的人更完美，比如黄美廉——只看自己拥有的，这是一种多么昂扬的人生态度。黄美廉用自己的拥有，谱写了一曲华美的生命乐章，让人深深叹服。

其实上天对待每个人都是公平的。上帝在关上一扇门的同时，必定打开一扇窗。上帝可能没给你美貌，但是他给了你聪慧的大脑；上帝可能没让你降生在富足的家庭，但他给了你坚强的意志……

有些缺憾是我们无法改变的，如果我们的眼睛始终盯着缺陷，总是悲观失望，那生活也将毫无希望。与其为自己没有的而伤心、叹息，倒不如为自己拥有的而开怀。

相呴以湿，相濡以沫

[原文]……

泉涸，鱼相与处于陆，相呴以湿，相濡以沫，不如相忘于江湖。

选自《庄子·大宗师》

泉水干了，鱼就一同困在陆地上，用湿气互相嘘吸，用口沫互相湿润，（虽然亲密友爱），倒不如在江湖里彼此相忘。这几句话是说应该顺应本性，忘掉是非善恶等观念。

[名师讲谈]……

庄子善用比喻，在这里为我们描绘了一幅感人的场景：池子里泉水干了，干渴的鱼儿们嘴吐湿气，互相滋润着对方。在我们看来，这些鱼儿真是友爱，可是庄子并不这么认为，他说，与其这样艰难地求生，还不如在江湖中自由游走，相互遗忘。

庄子为什么要这么说呢？这是因为在他看来，事物的本然状态才是事物最适宜的状态，事物合于自己的本真性情，它就能生活得很自在，以至于达到忘我的程度。与此相对，当事物处于违反它的本真性情的环境中时，事物就会感到不适应，甚至受到伤害。再回到故事中，对于鱼来说，在水中自由自在地游来游去，就是它的本然状态，离开了水而生活在陆地上，就是脱离了生命的本然状态，不是正常的状态。因此，与其相濡以沫地艰难求生，不如相忘于江湖。

鱼处于相忘的境界，就是顺应了它们的本性，处于最适宜的境界。人同样如此。庄子在《达生》篇中说："忘足，履之适也；忘要（同"腰"），带之适也；知忘是非，心之适也。"当一个人忘掉脚，就是鞋子最安适的时候；忘掉腰，也就是腰带最安适的时候；忘掉是非，也就是他的心灵最安适的时候。当一个人达到这种境界，也就成了鲁国贤人扁子所说的至人——忘记了自己的肝和胆，忘记了自己的耳和目，漫游于尘世之外。

在生活中，功名利禄、是非恩怨让我们平静的心掀起波澜，牢记这些东西会让我们的心受到约束而无法达到逍遥自得，因此我们应该学学那些鱼儿，让自己"相忘于江湖"。

[**闲话人生**]……

齐桓公不计前嫌　春秋时期齐国国君齐襄公被杀。襄公有两个兄弟，一个叫公子纠，当时在鲁国；一个叫公子小白，当时在莒国。两个公子听到齐襄公被杀的消息，都急着要回齐国争夺君位。

公子纠的师傅管仲率领人马埋伏在公子小白回齐国的路上。看到小白，管仲拈弓搭箭，对准小白射去。小白大叫一声，倒在车里。

管仲以为小白已经死了，就不慌不忙护送公子纠回齐国。怎知公子小白是诈死，等到公子纠和管仲进入齐国国境，小白和鲍叔牙早已抄小道抢先回到了国都临淄，小白当上了齐国国君，即齐桓公。

齐桓公即位以后，不但不办管仲的罪，还立刻任命他为相，让他管理国政。管仲帮着齐桓公整顿内政，选拔人才，大开铁矿，齐国越来越富强，后来成为春秋五霸之一。

[心灵捕手] ……

相逢一笑泯恩仇

生活中，人与人之间难免会因为一些小摩擦或误会而发生冲突。冲突之后，不同的人有不同的表现。胸怀宽阔的人或许一觉醒来就把冲突的事忘了，胸怀狭窄的人则不然，他总是对冲突的事念念不忘，可能会记恨别人一辈子。

有句话说得好："生气其实是在拿别人的错误来惩罚自己。"总是记住别人的过错，你的心将总是被仇恨浸泡，自然不会有快乐的感觉。因此，忘掉别人的过错，不仅是对别人的宽容，更是善待自己。而且，当我们得罪别人的时候，我们也希望别人能忘掉之前的不愉快，尽快地原谅自己，同样如此，我们为什么不试着忘掉别人的过错呢？

不念旧恶，善于忘记，你会发现你与别人相处得更加和谐，而你的人生也更加轻松。

无为而尊者,天道也

[原文]……

无为而尊者,天道也;有为而累者,人道也。

选自《庄子·在宥》

无所事事、无所作为却处于崇高地位的,是天道;事必躬亲、有所作为而受劳累的,是人道。这几句话是说,无所作为才是符合自然规律的。

[名师讲谈]……

"无为""有为""天道""人道"是道家的重要命题,是由老子最先提出来的。庄子继承并发展了这些思想。单从字面意义上看,庄子的"无为"思想很容易让人以为是无所作为、消极被动,其实庄子的"无为"不能这么简单理解,他的"无为"思想建立在"道法自然"的基础之上,其核心是合乎本真本然的自然之道。

庄子认为,万事万物都有其自然的天性,其产生、发展、消亡也有一定的规律,事物只要顺应其自然本性,这种状态就是最适合事物生存、发展的状态,这就是"顺自然而为"的"无为"。而如果把自己的主观意识强加于上,忽视事物的本性,违反事物的发展规律,不但不会得到好的结果,反而会戕害事物的本性,结果适得其反,这便是"有为"的后果。

"有为"却适得其反的例子太多了。庄子在《至乐》篇讲了这样一个故事：一只海鸟落在了鲁国的郊外，鲁侯将它迎入庙堂之上，给它奏最高雅的音乐，给它吃最精美的食物。可是海鸟却不吃一口肉，不喝一杯酒，没过三天便死了。原因很简单，鲁侯是以养活自己的方法来养鸟，这种饲养方法与鸟的本性不相适应，所以鸟不能存活。由此可见，是鲁侯的"有为"害死了海鸟。

"无为而尊者，天道也；有为而累者，人道也。"庄子的这几句话主要是表达政治上反对他治，反对干涉。老子对此也有相关论述，他提出"绝圣弃智""无为而治"的政治主张，建议统治者顺应自然，效法自然，奉行"我无为而民自化，我好静而民自正，我无事而民自富，我无欲而民自朴"的政策，最终达到"道常无为而无不为""为无为，则无不治"的理想状态。

除了政治上，"无为"在生活上也会给我们一些启发和指导。在现代社会，人无时无刻不受到各种各样的诱惑，为了满足各种欲望而进行的"有为"，最后却未必能得到自己想要的。怎样摆脱这一尴尬的境地呢？庄子说，"夫恬惔寂漠虚无无为，此天地之本而道德之质也"。平息欲念，以"无为"之心面对万物，保持内心的安稳平淡，便能做到德性的完整和精神的自足。

[闲话人生]

晒太阳的渔夫　在一个天气晴朗的下午，一位到海边度假的富翁遇到了一位正在睡觉的渔夫。

富翁说："今天天气好，正好可捕鱼，你怎么在这里睡大觉？"

渔夫说："我给自己定的目标是每天捕10斤鱼，平时要撒网5次。

今天天气好,我只撒网2次,任务就全部完成,所以没事睡大觉。"

富翁说:"那你为什么不借机多撒几次网,捕更多的鱼呢?"

"那又有什么用呢?"渔夫不解地问。

富翁说:"那样你可以在不久的将来买一艘大船。"

"那又怎样?"

"你可以雇人到深海去捕更多的鱼。"

"那我干什么呢?"

"你就可以在沙滩上晒晒太阳,睡睡觉了。"

渔夫说:"我现在不就在睡觉、晒太阳吗?"

[心灵捕手]……

生活需要一点"无为"

渔夫是聪明的,因为他能放下自己的欲望,以暂时的"无为"来面对生活;渔夫又是令人羡慕的,因为他正享受生活。

现代社会,物质生活极大丰富,但人们的生活幸福感却没有随之提高。原因就在于,我们总有太多的欲望,满足了一个,又来另一个,而我们总习惯被欲望牵着鼻子走,疲于奔命。有调查显示,慢性疲劳综合征在城市新兴行业中发病率为10%~20%,在某些行业中更是高达50%。为了实现自己的理想而辛勤工作固然没有错,但若是仅仅为了满足物欲而拼死拼活,甚至透支生命,是不值得的。

生活有时需要一点"无为",适可而止,也是一种智慧。

朴素而天下莫能与之争美

[原文]……

朴素而天下莫能与之争美。　　　　　　　　　　选自《庄子·天道》

天下没有比质朴本初更美的了。这句话是说质朴本初是最美的。

[名师讲谈]……

  通常意义上的"朴素"是说简约、不华丽、不浮夸等。那么依据这样的含义，这段原文可以理解为：朴素、简约是最美的。这样的理解未尝不可，不过庄子的本意并不是这样的，要想理解庄子的本意，需要把"朴素"这个词拆开来看。"朴"是指未经雕饰的原木，"素"是指没有染色的白帛。"朴"与"素"合起来构成"朴素"这个词，意思就是指事物的天然本色、原始状态。庄子以"朴素"为天下最美，取的正是这种含义。

  庄子推崇质朴自然，反对一切刻意的雕琢和虚伪的华饰。例如，他反对"饰羽而画"，在他看来，在天然美丽的羽毛上涂以华彩，只会破坏朴素的美。此外，在《应帝王》篇中，庄子还讲了这样一个故事：南海帝王倏和北海帝王忽常在中央帝王浑沌的领地相会，浑沌对他们很好。见浑沌没有窍，为了报答他的恩情，倏和忽每天给浑沌开一窍。到了第七天，浑沌就死了。这是一个值得深思的寓言故事。原本活得好好的浑沌因为被加入了刻意的东西而被改变了本性，因此失去了生命。庄子大概是想告诉我们，当人被加入一些刻意的、世俗的东西时，他的本性也会改变。小孩子往往是可爱的，这是因为他们的心是纯真的，没有沾染上世俗的东西，没有刻意的东西。所以质朴本真的人最可爱，也最受人欢迎。

"朴素"是道家的重要观念，老子说："五色令人目盲，五音令人耳聋，五味令人口爽，驰骋畋猎令人心发狂，难得之货令人行妨。"简单地说，老子认为浮华绚丽的事物往往使人心智迷乱而看不到大道之美，所以他提倡"见素抱朴，少私寡欲"，"常德乃足，复归于朴"。

朴素的内涵非常丰富，涉及世界观、人生观、文艺观等诸多方面。如果仅从文艺观来看，"朴素"就是平淡自然，简单真切，去除一切不必要的雕琢、藻饰。唐代大诗人李白说："清水出芙蓉，天然去雕饰。"东晋诗人陶渊明之所以备受推崇，是因为他的诗歌本色自然，毫无雕琢之感。"方宅十余亩，草屋八九间""暧暧远人村，依依墟里烟""狗吠深巷中，鸡鸣桑树颠""采菊东篱下，悠然见南山"等诗句还原了生活的原生形态，本色本香，给读者带来了美好的阅读体验。

[闲话人生] ……

简单的优雅 妻子第一次随丈夫参加一个高级宴会,兴奋得彻夜难眠,当晚就开始琢磨宴会的妆扮。左思右想,她决定穿上最豪华的晚礼服,戴上最昂贵的首饰,化上最浓的妆。

丈夫在外面催促她:"不要那么复杂,仅仅是一个朋友之间的交流宴会。"妻子说:"放心吧,绝对不会让你丢面子。"妻子出来后,丈夫惊讶地说:"这是你吗?我都认不出来了。"妻子沾沾自喜地说:"那当然,人靠衣装嘛。"眼看时间马上就到了,丈夫没有多说什么,就上路了。丈夫是这次宴会的主角,他的到来自然把大家的目光都吸引来了。可是让他感到尴尬的是,大家的目光全都盯着他的妻子,而且那种目光不是欣赏,而是嘲笑。坐下后,开始有人对妻子的着装窃窃私语。"丈夫那么绅士,妻子怎么那么庸俗啊。""就是啊,你看她全身上下都离不开金银珠宝,还自以为很高贵呢。"妻子听到她们的议论,脸上红一阵白一阵,难堪极了。

[心灵捕手]……

朴素为美

故事中的妻子之所以受到别人的嘲笑，是因为她不懂得这个道理：穿着打扮并不是越华贵、越繁复越好，自然、得体、符合时宜就是最好的。但是由于虚荣心，我们在现实生活中也往往会犯故事中妻子的错误：为了追求所谓的时尚而浓妆艳抹，这是在外貌上失去了朴素；因为碍于世俗而改变自己，对别人曲意逢迎，让自己变得世故圆滑，这是在本性上失去了朴素。

其实朴素是一种自然美：白云的美是一种纯洁的美，兰花的美是一种淡雅的美，小草的美是一种无名的美……朴素也是一种心灵美：心地善良的人是美的，因为他们心灵朴素；勤劳简朴的人是美的，因为他们生活朴素……

父母可能没有把"爱你"挂在嘴边，但是每天为你准备好的早餐、雨天为你送来的雨伞，会让你感受到一种朴素的亲情；朋友可能不会对你说一些两肋插刀的话，但是危难之际伸过来的援手，会让你感受到一种朴素的友情；爱人之间可能没有经历轰轰烈烈的爱情，但是生死相守，白头到老，会让你感受到一种朴素的爱情。

只要用心去体会，用实际行动去实践，就能感受到朴素的美妙之处。

形劳而不休则弊，精用而不已则竭

[原文]……

形劳而不休则弊，精用而不已则竭。

选自《庄子·刻意》

形体辛劳而不休息就会疲困，精力使用而不停歇就会枯竭。这两句话是说，形体和精神不要太过劳累，要懂得休息，注意劳逸结合。

[名师讲谈]……

中国传统的养生之道，就其养生方法而言，大体分为"清静养生"和"运动养生"两种模式。运动养生派认为，通过运动形体，活动关节，可以使机体保持旺盛的生命活力，以达到抗老延寿的目的。《吕氏春秋》说："流水不腐，户枢不蠹，动也。形气亦然，形不动则精不流，精不流则气郁。"

与运动养生派不同，清静养生派主张"清静无为"。清静养生派认为"神"（即精神）是生命的主宰，只有保护和节制"神"的耗损，才能延年，所以他们主张清静养神，反对"形劳不休"。

道家是清静养生派的代表，他们认为生命可以分为形体和精神两个方面。关于形体方面，《达生》篇讲了这样一个故事。东野稷善于驾驭马车，他驾驭的马车进退往来如绳一般的直，左右旋转如圆规画出来的那般圆。鲁庄公见了，很是惊叹，便请他再转一百圈。鲁国贤人颜阖见了，对庄公说："东野稷的马疲困了。"庄公不以为然。不一会儿，马果然疲困得不行了。庄公问颜阖："你怎么知道的？"颜阖说："马已力竭，却还要奔走，自然会疲倦。"

形体过劳会导致疲，精神过劳则会导致心理疲劳。大脑是人高级神经活动的中枢、思维的器官。过度的闲散会让人懒于思考，长期下去不利于脑的健康。但是，用脑超过了一定限度，不仅效果不佳，反而适得其反。我们都有这样的体会，长时间地学习或看书而不休息，会觉得很疲乏，头昏脑涨，要记忆或理解什么东西很困难；而如果用一会儿脑，停下来休息一会儿，会觉得头脑清爽了不少，再进行记忆或理解也变得轻松多了。

列宁曾说："休息是为了更好地工作。"在生活节奏日益加快、生存压力日益加大的今天，注重身心的保养，讲求劳逸结合显得尤为重要。

[**闲话人生**] ……

不要成为工作狂　乔治先生放下手头的工作去夏威夷度假了，一位客户打电话给他。

"你工作1小时可以挣50美元，一天8个小时，你一个月多休息4天就少挣1600美元，一年就少挣12个1600美元，老兄，这值得吗？"客户在电话里叫起来。

乔治先生懒洋洋地在电话里回答："如果我一个月多工作4天，我的寿命将减少4年，4年的损失就是48个1600美元，到底哪种损失更大呢？"

[心灵捕手]……

学会生活

当工作和健康有了冲突的时候，乔治先生毅然选择了休息，投入到大自然中，享受生活的乐趣。如果是你，你会怎样选择？

如今，人们的价值观陷入一种误区，不管是心甘情愿，还是身不由己，都想通过金钱来实现自身价值，证明自我。社会固然需要兢兢业业的人创造财富，个人也固然需要具备拼搏进取的精神，但是，人生在世，为了所谓的名和利而让自己身心俱疲，有时甚至搭上性命，这样做真的值得吗？

只有真正懂得生活的人才不枉在这个世界上活一回。停下手头的工作，读一本早就买来而一直没翻开的书，看一部喜欢的电影，和三五朋友小聚，或者来到户外做做适量的运动，这些都可放松身心，消除工作、学习的紧张，改变萎靡不振的状态。生命就像一张弓，我们不仅仅要用，还要懂得会用，超过它所能承受的极限，它就会像弓一样绷断。只有张弛有度，保持平衡，才能让生命保持弹性，始终焕发光彩。

水之性，不杂则清，莫动则平

[原文]……

水之性，不杂则清，莫动则平；郁闭而不流，亦不能清；天德之象也。故曰，纯粹而不杂，静一而不变，惔而无为，动而天行，此养神之道也。

选自《庄子·刻意》

水的本性，不混杂就清澈，不搅动就平静；闭塞而不流通，也不能澄清；这是自然的现象。所以说，纯粹而不混杂，虚静专一而不变动，恬惔无为，行动循顺自然，这是养神的道理。这几句话是说，应努力做到心灵澄澈，回归本性。

[名师讲谈]……

孔子说："仁者乐山，知者乐水。"庄子是一个智者，他喜欢水，你看，他又拿水来做比喻了。确实如此，人的本性最初也如水一般清澈，随着渐渐长大，身处社会当中，人性中好的方面渐渐丢失，同时渐渐沾染上一些不好的东西，这就好比是往水里丢进了泥沙一样，人性渐渐变得混浊起来。

如何保持自己本性的澄澈呢？庄子告诉我们，"纯粹而不杂，静一而不变，惔而无为，动而天行"。"纯粹而不杂"，很容易理解，就是保持本性的纯洁，不沾染不好的东西。那么"静一而不变"呢？"静"就是道家常说的"虚静"，庄子认为虚静是进入道的境界时所必须具备的一种精神状态。"惔而无为"，就是恬淡，无为，这也是庄子反复提倡的生活态度和养生之道。"动而天行"就是要有行动，但行动必须循顺自然，庄子反复强调人要顺应自然，这句话也不难理解。将这几句话合起来看，也就是说，只有坚持自己本性的纯粹，保持虚静、恬淡的心态，同时行动又能够顺应天道，这样才能始终保持本性的澄澈，才能让精神得到滋养。

心一旦澄澈，没有欲望的杂质，那么功名利禄在眼中不过是浮云一般，触不到内心的一分一毫。春秋时，宋国人将稀世宝玉送给清官子罕。子罕对他说："我绝不能收下这块宝玉。我以不贪为宝，而你以玉为宝。你把玉给了我，失去了珍宝；而我收下你的玉，就失去了'不贪'这个宝。如此一来，我们两个人都丧失了最宝贵的东西，还是让我们各自保留自己的珍宝吧。"子罕以"不贪"为宝，他的心如水般澄澈，千百年来他的这种坚持本性的品德为人所称道。

智者若水，一个有修养的人应该努力做到心如水清，心如水静。

[闲话人生] ……

雨中的小女孩　有一个小女孩每天都走路去上学。一天下午放学的时候，电闪雷鸣，大雨倾盆而下。小女孩的妈妈担心小女孩会被打雷吓着，甚至被雷打到，于是她赶紧开着她的车，沿着上学的路线去找小

女孩。她看到自己的小女儿一个人走在街上，每次闪电出现时，她都停下脚步，抬头往上看，并露出微笑。看了许久，妈妈终于忍不住叫住她的孩子，问女儿："你在做什么啊？"女儿说："上帝刚才帮我照相，所以我要笑呀！"

[心灵捕手]……

让心灵回归天然和纯净

成人遇到电闪雷鸣的天气，会恐惧，会想到赶紧找个地方躲避。而小女孩呢，以为上帝是在给她照相，美好的心灵因为单纯、澄静而无畏。

随着年龄的增长，各种各样的诱惑让原本平静的心躁动不安，澄澈的心灵好像被丢进了泥沙，变得不再明净，也自然看不见清明的世界。我们都说儿童是幸福的，因为他们无忧无虑，他们不必担心考不上重点大学，不用担心明天是否会被老板炒鱿鱼，不用担心物价是否会上涨，他们纯真地看待这个世界，单纯地体验着这个世界，享受着他们独有的单纯的快乐。

试着让心灵回归天然和纯净，久违的快乐会眷顾于你，人与人之间的交往会更和谐，这样的世界也更美好。

丧己于物，失性于俗

[原文]……

丧己于物，失性于俗者，谓之倒置之民。 选自《庄子·缮性》

丧失自己于物欲、迷失本性于世俗的人，就叫做本末倒置的人。这几句话说明了本末倒置之人的两种表现。

[名师讲谈]……

庄子主张"不以物易己"，即人不可被外物蒙蔽自己的天然心灵，且一再强调要"不失其性命之情"；与他的主张相反的情形则是"丧己于物，失性于俗"。

在庄子看来，物欲与人的生命是矛盾的，人被物欲控制，是与人的本性背道而驰的。这样的做法没有抓住生命最根本、最珍贵的东西，而仅仅关注生命的细枝末节。这样的人是将本与末弄颠倒了，因此这样的人是倒置之人。庄子这么说有没有道理呢？我们说，很有道理。大自然赋予了我们的生命以各种欲望，物欲仅仅是生命欲望的一种。一方面，生命本身对物质的需求是有限的，能够吃饱穿暖便可维持生命的正常运行。另一方面，生命享受的疆域无比宽广，相比之下，只是满足物欲就显得太狭隘了。因此，穷其毕生精力来追求物质的人，实际上既不懂得生命的真正需要，也限制了享受生命的广阔疆域。这样的人，怎能不是倒置之人呢？

庄子认为，世俗的看法与生命也是相对的。名利这些东西都是世俗人认为的价值，一般人受限于世俗的看法，将名利看得很重，荣华高位在身，便心满意足，若是得不到或失去便不快乐。但在庄子看来，世俗人认为的价值都是一些身外之物，这种重视、追求身外之物的做法也是把生命的本末给颠倒了。对于这些身外之物，正确的态度应该是得之不喜，失之不恼。从另外一个角度来看，世俗的看法未必一定是正确的，将自己囿于世俗看法，屈从于世俗看法，这种从众的心理和做法实际上是一种丧失独立性格的表现。

不让外物束缚自己的心灵，正确对待生命中的本与末，才是智慧之举。

[闲话人生]……

淘金者 两个墨西哥人沿密西西比河淘金，到了一个河叉分了手，其中一个进入了俄亥俄河，另一个去了阿肯色河。

十年后，进入俄亥俄河的人果然发了财，在那儿他找到了大量的金沙。

进入阿肯色河的人自分手后就没了音讯，直到50年后，一个重达2.7千克的自然金块引起轰动，人们才知道他的一些情况。当时，一位记者写道："这个全美最大的金块来源于阿肯色，是一位年轻人在他屋后的鱼塘里捡到的，从他祖父留下的日记看，这块金子是他的祖父扔进去的。"

日记中这样写道："昨天，我在溪水里又发现了一块金子，比去年淘到的那块更大，进城卖掉它吗？那会有成百上千的人拥向这儿，

《庄子》中的大智慧

我和妻子亲手用一根根圆木搭建的棚屋、挥洒汗水开垦的菜园和屋后的池塘,还有傍晚的火堆、忠诚的猎狗,大自然赠给我们的珍贵的静逸和自由都将不复存在。我宁愿看到它被扔进鱼塘时荡起的水花,也不愿眼睁睁地望着这一切从我眼前消失。"

[心灵捕手]……

不做倒置之民

金子不知是多少人梦寐以求的东西,有的人甚至为了得到它而失去性命,而这位淘金者却把淘到的金子毅然决然地扔进了池塘。看到这里,有的人可能会说,这个人也太傻了,怎么能把到手的财物白白扔掉呢?但是,在淡泊名利者心中,这位淘金者才是一位真正淘到金子的人,因为他知道自己的生命需要的是什么,在他看来,大自然赠予的静逸和自由是比金子更珍贵的东西。扔掉了一块金子,换来的是50年的安宁,这难道不是一种智者之举吗?

愿我们都能像那位淘金者一样,了解自己的生命所需,不丧己于物,也不失性于俗,正确地取舍,在生命的旅程中淘到自己的金子。

井蛙不可以语于海

[原文]……

井蛙不可以语于海者，拘于虚也；夏虫不可以语于冰者，笃于时也；曲士不可以语于道者，束于教也。

选自《庄子·秋水》

不可以和井里的蛙谈大海的事，这是因为它受了地域的局限；不可以和夏天的虫子谈冰冻的事，这是因为它受了时间的固蔽；不可以和乡下的书生谈一些大道理，这是因为他受了礼教的束缚。这几句话是说，人因为受知识、视野的局限，而无法较为全面地认识世界，因此应该打破固有思维，解放思想。

[名师讲谈]……

在《秋水》篇中，自大的河伯（河神）看到广袤无边的大海而望洋兴叹。北海若（海神）看到河伯还算有自知之明，便说了上面的话来开导他。

对于井蛙来说，井是它生活的环境，因为受限于井，井蛙的眼界有限，因此你和它谈论大海有多大，它是完全不能理解的。在这里，庄子突出了空间上的局限。夏天的虫子生命短暂，只能活夏天一个季节，你和谈论冬天结冰，它又怎能理解得了呢？这里，庄子为我们指出了时间上的局限。青蛙有空间上的局限，夏虫有时间上的局限，那么人呢？人当然也有局限，庄子接着说了，对于乡下的书生，你也不能和他谈论大道理，为什么呢？因为他被现有的知识水平和教养限制住了，固执于偏见，是无法理解大道理的。

　　对于人的知识有局限这一点，庄子在《逍遥游》里讲了这样一个故事：宋国人去越国卖礼帽，帽子根本卖不出去，为什么呢？原来，越国人习惯剪光头发，对于他们来说，帽子完全用不着。宋国人受限于自己的认知，不知道不同的地域有不同的文化，宋国人必需的东西在其他地区未必热销。

　　我们知道，这个世界蕴涵着各种奥秘，我们人类现在所知道的也不过是冰山一角；而对于这些有限的知识，我们每个个体受困于各种各样的限制，所知的也不过是某一个领域的某一个部分。为了让自己的认知更加接近事实的本相，我们有必要以谦虚的态度对待周围的人和事，敞开胸怀，消除偏见，打破固有思维，汲取新知。

[闲话人生]……

黑点与空白　老师在黑板上挂了一张"画"，白纸中间画了一个黑色圆点。

　　"你们看见了什么？"老师问。

　　全班学生一起回答："一个黑点。"

老师说:"只说对了极少一部分,画中最大的部分是'空白'。只见小,不见大,就会束缚我们的思考力。成千上万的人不能突破自己,原因正在这里。"

[心灵捕手]……

打破固有思维

如果我们是故事中的学生,估计我们的回答也是"黑点",为什么会这样呢?就像老师所说的那样,我们已经习惯了只见小,不见大。只见小,不见大,必然会使自己的眼界停留在小小的一隅,思维也停留在一定水平。僵化的思维在看待问题时,只是一成不变的眼光,处理问题时也不能另辟蹊径,不能灵活贯通。而当打破了固有思维,以一种全新的思维、全新的视角去看待问题时,事情往往出现转机,也就是所说的"柳暗花明又一村"。

打破固有思维需要有突破自我的勇气,还需要有谦虚的态度和包容一切的胸怀。能够做到这些,我们便已超越了自己,能够站在更高的层面上看问题。

让我们就从现在做起,凡事多看一看黑点之外广阔的空白,而不是将自己的眼光囿于那黑色的一点。

凡外重者内拙

[原文]……

以瓦注者巧，以钩注者惮，以黄金注者殙。其巧一也，而有所矜，则重外也。凡外重者内拙。

选自《庄子·达生》

如果用瓦片做赌注，就能心思灵巧；如果用带钩做赌注，就会有所忌惮；如果用黄金做赌注，就会心智昏乱。他的技巧并没有不同，然而心中一旦有所顾忌，身外之物的分量就会变重。凡是过分重视外物的，内心就变得笨拙。这几句话是说过于在乎外物就会被外物所累。

[名师讲谈]……

　　庄子追求精神自由，反对一切束缚，他的这一思想在这里又通过一个故事来表现。话说有一天颜渊来到渡口乘舟，他看到摆渡的人操舟如神，便问操舟人操舟这种技艺是否可以学习。操舟人告诉他，会游泳的人很快就能学会操舟，会潜水的人即使没有见过船也会行驶。此话怎讲呢？颜渊想不明白，他只好去问他的老师孔子。孔子给他打了一个比方，他说当赌博的人赌注下得很小时，他不会很在意输赢，玩起来自然潇洒自如；而随着赌注越来越大，赌博的人被利害得失所牵制，心理压力越来越大，原来的灵巧就变成了害怕甚至昏乱。反过来看，会潜水的人之所以没有见过船就能行驶，这是因为他视深渊如同高地，视船的覆没如同车的倒退。覆没、倒退的万种景象呈现在他眼前，也不会搅扰他的内心，这样的人到哪儿不从容呢？

孔子的这些话真是太有道理了。当一个人过于注重外物，而不能超脱利害得失时，他的才能便得不到自由地发挥。举一个例子来说，国际大赛时，一些优秀的运动员本来是夺冠的热门，但是他们在赛场上的表现却令人大跌眼镜，在本不该失手的地方失了手，最后与奖牌无缘。为什么没能发挥出最好的水平呢？究其原因，过于注重名次，造成心理负担过重、紧张感增强，致使创造力难以正常发挥。

禅说："一切放下，一切自在；当下放下，当下自在。"当我们放下一切身外之物，丢掉物质和精神的包袱，也就没有什么可以束缚、羁绊我们的东西了，这样，我们的心便能自由自在，我们就有可能发挥出生命的潜能，发挥自己的最好水平，享受轻松惬意的生活。

[**闲话人生**] ······

过桥　一行四人来到桥头，一个盲人，一个聋人，两个耳聪目明的健全人。四个人一个接一个地抓住铁索，凌空行进。结果是：盲人、聋人过了

桥，一个耳聪目明的人也过了桥，另一个正常人则跌下去，丧了命。

难道耳聪目明的人还不如盲人、聋人吗？他的弱点恰恰源于耳聪目明。盲人说："我眼睛看不见，不知山高桥险，心平气和地攀索。"聋人说："我的耳朵听不见，不闻脚下咆哮怒吼，恐惧相对减少很多。"那么过桥的健全人呢？他的理论是："我过我的桥，险峰与我何干？急流与我何干？只管注意落脚稳固就够了。"

[心灵捕手]……

放下包袱

两个健全的人，一个人安全过桥，另一个人却葬身峡谷，这鲜明的对比值得我们思考。安全过桥的健全人是因为他没有把险峰和急流放在眼里，外物没有对他平静的心态产生干扰；而掉进峡谷的人呢，定是因为过于重视自己的生命，在紧张、恐惧的包围下而失足。

我们大家可能有这样的体验，平时考试的时候，成绩总是名列前茅，而到了大考时，成绩往往不如平时。原因很简单，我们过于注重考试的名次，给自己的精神带上了枷锁。一个带着精神枷锁的人很难发挥出超常的能力。只有舍弃对外物的在乎，让心态保持平淡、平和，才能在人生的道路上畅行无阻。

哀莫大于心死

[原文]……

夫哀莫大于心死，而人死亦次之。　　　选自《庄子·田子方》

最悲哀的莫过于心死，而身死都还是次要的。这两句话是说，精神的存在比形体存在更重要。

[名师讲谈]……

颜回曾问孔子："先生缓步我也缓步，先生快走我也快走，先生奔驰我也奔驰；先生谈道我也谈道，等到先生奔逸绝尘而我却直瞪着眼落在后面，不知道这是为什么。"孔子便先说了文中所选的这句话，接着说自己能够感应外物而活动，一天天地参与变化，而颜回只是看到现象，并追寻着那些已经逝去的东西。孔子大概是说，亦步亦趋的模仿只能得到道之迹，只有遗忘这些有形之迹，与天地变化合一，才能真正悟道。

人死即人形体的消亡，心死即人精神的覆灭，与精神的覆灭相比，形体的消亡是次要的。从这几句话可以看出，庄子更重视精神世界。对于心死，我们现在往往将其理解为精神、信念的丧失。失去了信念时，即使形体存在，也不过是具行尸走肉；而信念尚存时，一切都有可能。有这么一个故事：病房里，一个生命垂危的病人从房间里看着窗外的一棵树，树叶在秋风中一片片地掉落下来。病人望着眼前的萧萧落叶，身体也随之每况愈下，她说："当树叶全部掉光时，我也就要死了。"一位老画家得知后，用彩笔画了一片叶脉青翠的树叶

挂在树枝上。最后一片叶子始终没掉下来。只因为生命中的这片绿，病人竟奇迹般地活了下来。

罗曼·罗兰说："最可怕的敌人，就是没有坚强的信念。"人生总要经历风风雨雨，打击和磨难终究会过去，就让我们变得坚强些，坦然面对生活的考验。

[闲话人生]……

哀莫大于心死 一位年轻人倚靠着一棵树晒太阳。他神情萎靡，有气无力地打着哈欠。一位智者从他身边经过，好奇地问："年轻人，你不去做你该做的事，懒懒散散地晒太阳，岂不辜负了大好时光？"

"唉！"年轻人叹了一口气说，"在这个世上，除了我自己的躯体外，我一无所有。我又何必去费心费力地做什么事呢？"

"你没有家？"

"没有。与其承担家庭的负累，不如干脆没有。"年轻人说。

"你没有你的所爱？"

"没有，与其爱过之后便是恨，不如干脆不去爱。"

"没有朋友？"

"没有。与其得到还会失去，不如干脆没有朋友。"

"噢，"智者若有所思，"看来我得赶快帮你找根绳子。"

"找绳子，干吗？"

"帮你自缢！"

"自缢？你叫我死？"年轻人惊诧不已。

"对。人有生就有死，与其生了还会死，不如干脆就不出生。你的存在，本身就是多余的，自缢而死，不是正合你的逻辑么？"

[心灵捕手]……

没有信念的人生是可怕的

故事中的年轻人没有家，没有爱人，没有朋友，也不想去工作，他之所以处于这样的生存状态，只因为他的心已死。"哀莫大于心死。"当一个人的心死了，曾经吸引他的无法再吸引他，曾经感动他的无法再感动他，曾经让他恼怒的也无法激起他的怒气。他的心已变得麻木不仁，生活在他眼中是灰色的，生活对于他来说了无生趣，他看不到任何希望，看不到生命的亮色。这样的人生是悲哀的，也是可怕的。

生活中遇到挫折和磨难都是很正常的，聪明人能够将磨难化为磨砺自己的条件，而不是就此丧失信念，消沉下去。泰戈尔说："信念是鸟，它在黎明仍然黑暗之际，感觉到了光明，唱出了歌。"让我们记住这句话，凡是有希望之处，生命生生不息。

不能说其志意，养其寿命

[原文]……

天与地无穷，人死者有时，操有时之具而托于无穷之间，忽然无异骐骥之驰过隙也。不能说其志意，养其寿命者，皆非通道者也。

选自《庄子·盗跖》

天地的存在是无穷尽的，人的死生却是有时限的，以有时限的生命而寄托在无穷尽的天地之间，和快马迅速地闪过空隙一般。凡是不能够畅适自己的意志、保养自己的寿命的人，都不是通达道理的人。这几句话是说，人的生命有限，应该在有限的生命中称心快意，以达到养生的目的。

[名师讲谈]……

这几句话出自一位名叫跖的大盗之口，也就是唱响"盗亦有道"的那个人。据庄子记载，跖非常厉害，手下有九千多人。他带着众人横行天下，侵扰各国诸侯；穿室破门，掠夺牛马，抢劫妇女；贪财妄亲，全不顾及父母兄弟，也不祭祀祖先。这让倡导仁义礼智信的孔子看不下去了，他来到贼窝，想劝说跖改邪归正。没想到跖噼里啪啦一番话，把孔子抢白了一顿。跖批评儒者"作言造语，妄称文武"，"不耕而食，不织而衣"，还"妄作孝弟"来求得富贵荣华；并指责自尧舜至武王，"皆以利惑其真，而强反其情性"；最后，抛出"人生短促，应'说其志意，养其寿命'"的结论。这一番话把孔子骂得哑口无言，只好灰溜溜地走了。

我们来进一步看看跖这个人。中国是个讲究上下尊卑有序的社会，造反从来都被认为是最恶劣的行径，于是跖千百年来受尽唾骂。但是在庄子看来，跖却是一个值得提倡的人物，他最可贵的品质是一种勇于反抗压迫的精神，想到什么就去做，把自己的理想付诸现实，这样的人生就是一种快意的人生，这样的人也是懂得养生之人。

"人生天地之间，若白驹之过隙，忽然而已。"（《知北游》）面对这一境况，我们应该采取怎样的态度呢？庄子主张应当平静地度过，不过在这一过程中，还是应该尽量地称心快意，获得精神生命的畅快，实现人生的自由。对于如何快意人生，法国作家司汤达说："快乐是一种奢侈。若要品尝它，绝不可缺的条件是心无不安。心若不安——即使稍受威胁，快乐就立刻烟消云散。"

悦其心志，快意人生，才能让生命得到滋养。

[闲话人生]……

带快乐回家 有一次，一个女人回家时在电梯镜子里看到一张充满疲惫的、灰暗的脸，一双紧锁的眉头，下垂的嘴角，忧愁的眼睛。这下她自己吓了一大跳。

于是，这个女人开始想：当孩子、丈夫面对这种愁苦暗沉的面孔时，会有什么感觉？假如自己面对的也是这样的面孔时，又会有什么

反应？接着她想到孩子在餐桌上的沉默、丈夫的冷淡，这些在她原来认为是他们不对的事实背后，隐藏的真正原因竟是自己！这个女人吓出一身冷汗，为自己的疏忽。

第二天，女人就写了一块木牌钉在门上提醒自己。结果，被提醒的不只是她自己，而是一家人，以至后来影响到整个楼的人。

这块木牌上的字很少，只有两行：进门前，请脱去烦恼；回家时，带快乐回来。

[心灵捕手]……

保持快乐的心态

生活中总有这样那样的不如意，人生苦短，如何在有限的生命中活出自己的快乐呢？

善待自己。保持一颗平常心，去除私心杂念，忘却名利荣辱，凡事量力而行，不给自己定下超出自己能力的目标。当目标达不到时，不苛求自己，不让自己陷入自责的深渊。工作或学习过程中做到劳逸结合，张弛有度，让自己的身心处于最佳状态。

善待别人。以一颗宽容的心对待别人，不对别人过分苛求，即使别人有过错，也能迅速调节情绪，让那些不愉快的事随风而去。

快乐是可以传递的，故事中的女人已经告诉了我们这个道理。还等什么呢，还不快快收拾起自己阴霾的心情，让阳光进驻心间，将快乐传递给你身边的每一个人。

以天地为棺椁，以日月为连璧

[原文]……

吾以天地为棺椁，以日月为连璧，星辰为珠玑，万物为赍送。吾葬具岂不备邪？何以加此！

选自《庄子·列御寇》

我用天地做棺椁，用日月做双璧，星辰做珠玑，万物做殉葬。我的葬礼还不够吗？还有什么比这更好的！这几句话表达了庄子视死如归的通达的生命观。

[名师讲谈]……

生死，是一个永恒的话题。当一个人眼看自己的生命走向终点，处于孤立无援境地之时，恐惧之情便油然而生。但是庄子，在面对死亡时没有表现出丝毫的恐惧。

庄子快要死了，弟子们想要厚葬他，庄子听到后，为了阻止弟子而说了上面几句话。但弟子们听了，还是深感不安，他们又说："我们害怕您的肉体会被乌鸦、老鹰吃了。"庄子回答："尸体暴露在外面让乌鸦、老鹰吃，埋在土里被蚂蚁吃，从乌鸦、老鹰的嘴里夺下来给蚂蚁吃，为什么要这么偏心呢？"从这些洒脱的话语中，我们可以对庄子的生死观略有了解。

在庄子的意识中，生命"翛然而往，翛然而来而已矣"（《大宗师》）。所以庄子在妻子去世的时候，没有伤心欲绝，反而坐在那里

鼓盆而歌。在庄子看来，"杂乎芒芴之间，变而有气，气变而有形，形变而有生，今又变而之死，是相与为春秋冬夏四时行也。"（《至乐》）也就是说，庄子认为，人最初没有形体也没有气息，在偶然的机会有了气息与生命，后又变而为死，这样生来死往的变化就好像四季运行一样自然。我们来自于自然，是自然的一分子，最后的归宿仍是回到自然，这么看来，生与死不过是形体的自然变化。人的生与死是一种自然形态的转变，这种变化是自然之道在个体生命中的体现，既然不是人力所能改变的，那么个人则应以顺其自然的态度来对待生死，而不能人为地求生避死。只有这样，才算了悟大道。

庄妻死，庄子鼓盆而歌，这是一种以死为乐的人生态度，但我们并不能由此认为庄子"悦死恶生"，因为庄子是反对自杀的，他主张人应该努力活够大自然赋予的生命时限，避免早夭。庄子之所以以生为苦、以死为乐，只是为了告诉人们生并不是绝对的好、死也不是绝对的坏，是为了让人们消除对死亡的恐惧心理，改变人们恋生恶死的态度。

"夫大块载我以形，劳我以生，佚我以老，息我以死。故善吾生者，乃所以善吾死也。"(《大宗师》)人生天地间，生老病死都是极其自然的事，只有顺其自然，超越生死，才能达到"哀乐不能入也"的境界。

[闲话人生]……

佛陀的点悟　有一位妇人，她只生了一个儿子，她对这唯一的孩子百般呵护。可是，天有不测风云，妇人的独生子忽然染上重病，不久就离开了人世。妇人伤心欲绝，天天守在儿子的坟前哭泣。佛陀见了，来到墓冢前，对妇人说道："只要你点着上好的香来到这里，我便能使你的儿子复活。但是，记住！这上好的香要用家中从来没有死过人的人家的火来点燃。"

妇人听了，赶紧拿着香去寻找从来没有死过人的人家的火。然而，她问遍了村里的人家，没有一家是没死过人的，她只好失望地走回坟前。

佛陀对妇人说："世界的万事万物，都是遵循着生灭、无常的道理在运行。人也是一样的，有生必有死，谁也不能避免，并不是只有你心爱的儿子才经历这变化无常的过程啊！所以，你又何必执迷不悟呢？"妇人听了佛陀的真谛，立刻扭转了自己悲观的心态。

[心灵捕手]……

坦然面对生死

春天，树木抽芽，百花盛开；到了秋天，树叶飘落，乃至草木枯萎；而到了下一年的春天，干枯的树枝上又会冒出点点新芽……万物形态的循环往复构成了宇宙周循的规律。

人也一样，只要是来到这个世上，都必须经历由生到死这一历程。肉体的灭亡是不可避免的，也是无法抗拒的。既然无法改变这一事实，与其让自己恐惧不安，不如坦然面对，安心迎接。

我们每一个人来自于大自然，是大自然的一分子。当我们的生命结束后，又要被生物链的分解者所分解，复归于大自然，我们的归宿就是大自然。当我们出现在这个世界上，已经是生命的一个奇迹，而后经历了人生的苦辣酸甜，已经体验了生命的整个过程，又有什么可遗憾的呢？

"死去何所道，托体同山阿。"当生命的大限来临时，让我们学学庄子、陶渊明，不惧怕，不恐惧，坦然地把生命交付给自然，让生命融于自然万物中。

处世大智慧

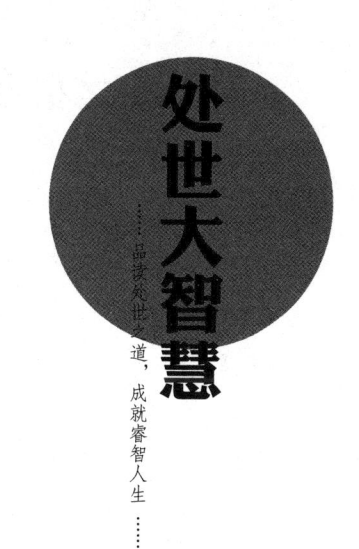

……品读处世之道，成就睿智人生……

- 关于如何做事与处世，庄子有诸多体会。他说一个人应该对自己有清醒的认识，凡事量力而行，不要做超出自己能力范围内的事，否则螳臂当车，只会自取灭亡；做事要像佝偻老人般"用志不分"，因为这是通向成功的一个必要条件。

- 与人相处，应该具备海纳百川的胸怀，能够容人纳物；做人要把握分寸，既不能做无用之才，也不能锋芒毕露，"不材者"会被淘汰出局，"才高而外显者"亦会给自己惹来麻烦；"凡人心险于山川，难于知天"，因此与人打交道时，还不能过于天真；不要贪图安逸的生活，那只会让你丧失斗志，给自己埋下祸患……

- 先哲的处世之道将帮助你了解一些生存的智慧，轻松地面对未来的生活，游刃有余地行走于社会。

水之积也不厚，则其负大舟也无力

[原文]……

且夫水之积也不厚，则其负大舟也无力。覆杯水于坳堂之上，则芥为之舟；置杯焉则胶，水浅而舟大也。

选自《庄子·逍遥游》

水的聚积不深厚，那么负载大船就没有力量。倒一杯水在堂前洼地，那么放一根小草可以当做船；放上一个杯子就胶着住了，这是水浅而船大的缘故。这几句话是说要重视积累的作用。

[名师讲谈]……

在《逍遥游》的开篇，庄子通过描绘不知几千里大的鲲和不知几千里大的鹏，告诉人们应该有大的境界，胸怀应该宽广。我们不禁要问，怎样才能做到拥有远大的境界、宽广的胸怀呢？庄子以水为喻，给出了答案——重视积累，为实现人生的跨越打下基础。表面上看，庄子这几句话是在说水的负载能力，实际上他是在说，如果你的胸怀不够宽广、眼光不够长远、学问不够广博，那么想超越自己，是很难做到的。因此，为了能够做到超越自己，必须培养自己的学问、能力，通过日积月累的"修炼"，来做到像大海一样深广。

说到积累，老子曾说："合抱之木，生于毫末；九层之台，起于累土；千里之行，始于足下。"是呀，没有小的萌芽的每天生长，就不会有合抱的大树；没有土的层层积累，就没有九层的高台；没有一步步的迈出，当然也不会有千里的远行。荀子也表达了类似的看法，他说："积土成山，风雨兴焉；积水成渊，蛟龙生焉；积善成德，而神明自得，圣心备焉。故不积跬步，无以至千里；不积小流，无以成江海。"积累的作用，由此可见一斑。

我们再通过具体的例子来看一下积累的功效。唐代有一位名叫李贺的诗人，他小时候每次出门都会带着一个背着锦囊的小书童，一想到好的诗句，就赶紧写下来丢进锦囊。晚上回到家后，他又把锦囊中的诗句进行加工整理。随着盛放诗句的锦囊越积越多，李贺的诗也越写越好，成为远近闻名的诗人。李贺之所以能够取得成功，积累无疑起到了巨大的作用。

俗话说，水滴可以石穿。一滴水滴在石头上，对于石头来说几乎构不成影响，但是成千上万滴水日日、月月、年年地滴在石头上，便可以将石头穿透，积累的力量是多么强大啊。好的习惯通过积累可以成为好的品行，让我们受益终身；而坏习惯的积累则会形成不好的性格，让人一生都会深受其害。"不因善小而不为，不因恶小而为之"，让我们记住这句话，在成长过程中重视积累，正确地把握自己的人生。

[闲话人生]……

空中楼阁　有个人很有钱，但是很无知。一天，他来到邻近一户富人家里，看见一座三层高的楼房，高大雄壮，富丽堂皇。这人十分羡慕。他想："我的钱财不比他少，为何不拿出一些来也建造一座高楼呢？"

主意打定，这人便把建筑这幢楼阁的木匠找来，说："你能不能依照那家的蓝图，为我建筑一模一样的三层楼？""没问题，一定让你满意。"木匠回答。

第二天，木匠在他家测量、挖地、垒墙。愚人见木匠一层砖、一层砖地垒墙，心里很疑惑，就问木匠："你垒墙有什么用啊？"木匠回答："盖三层楼呀！"愚人说："我不要下面的两层，只要最上面的一层。"木匠答道："这怎么行呢！哪有不盖最下层的房子而造第二层？不造第二层，怎么能造第三层？"愚人坚持他的想法，固执地说："我不要下面两层屋，你必须给我盖最上面的一层楼！"

别人听说这件事后，都笑话那人愚蠢。

[**心灵捕手**] ……

厚积才能薄发

故事中的愚人之所以被别人笑话,是因为他不懂得房屋必须由基础而建起,必须是一块砖、一块砖地垒起来。但是很多时候我们可能也会犯愚人的错误,总是好高骛远,总想着坐享其成,不肯塌下心来,从最基础的做起。

让我们回想一下我们的学习过程:小时候我们从拼音、生字开始学起,接着学习组词、造句,慢慢地,我们开始可以独立阅读,直至写作文、搞研究。就是由于一字一句的累积,我们才有了现在的知识储备。其实不仅知识是积累而成的,任何伟大的事业,无不是从细小、平凡的工作累积而成,有句话说"罗马不是一天建成的",说的也是这个道理。

在成长过程中,我们会遇到各种各样的事,有经验,也有教训,重要的不是我们曾经经历过什么,而是做个有心人,对那些经验、教训不断进行积累。只有积累足够多的知识、经验,才能不断地超越自己,使自己适应竞争日益激烈的社会。我们今天所做的一切,都是为了在将来能让积蓄的能量爆发出来,创造属于自己的奇迹。

尸祝不越樽俎而代之

[原文]……

庖人虽不治庖，尸祝不越樽俎而代之矣。选自《庄子·逍遥游》

厨子虽不下厨，主祭的人也不越位去代他来烹调。这两句是说要各司其职，各尽其分，不要越俎代庖。

[名师讲谈]……

这两句话就是成语"越俎代庖"的来源。关于这个成语，庄子讲了这样一个故事。帝尧要把天下让给许由。许由没有直接表明态度，而是先把尧恭维了一番，说尧已经把天下治理得安定了。接着，许由表明自己知足常乐的心志，最后说"庖人虽不治庖，尸祝不越樽俎而代之"，就这样拒绝了尧的邀请。

庖人即厨子，古人讲究祭祀，在祭祀之前，庖子负责宰杀三牲（猪、牛、羊）、准备祭品。尸祝即巫师，其职责是祭祀时向神灵祝祷。从工作内容上来看，庖人和尸祝有截然不同的分工，为了祭祀活动的圆满完成，他们需要各司其职、各尽其分。故事中，许由是以尸祝自居、以尧为庖人，尧擅长"做菜"（执政），许由懂得"祈祷"，让许由"做菜"他不会，所以说"做菜"（执政）还是继续由尧来吧。

几千年前，庄子借许由的不愿"越俎代庖"表达了自己淡泊名利的思想，其实今人从许由身上受益最大的则是他的那种谨守自己本分的处世哲学。有这么一个故事：一个洗衣工有一头驴子和一条狗，驴

子每天把衣服运到河边并运回来，狗则负责看家。一天晚上，家里来了一个小偷。狗因为主人对他不够重视，心有怨言，因此没有叫。驴子大声地叫起来，把小偷吓跑了。可是，主人醒来后非常生气，用棍子狠狠地把驴子打了一顿。为什么呢？因为叫醒主人不是驴子的责任，他叫得声音太大了，打扰了主人睡觉。这个故事告诉我们，不要越俎代庖，否则会吃力不讨好。

但是在现实生活中，也有人会犯驴子这样的错误。出于好心，他们对别人的事大包大揽，别人或碍于情面或出于其他原因，不好意思拒绝。然而他们越俎代庖后，结果并不一定能让当事者满意，而这个时候，好心反而办成了坏事。此时，我们就需要反思一下，我们是不是已经越俎代庖，做了我们不应该做的事。

[闲话人生] ……

填报志愿　有一对夫妻都是律师，于是觉得也应该把儿子培养成律师。可他们的儿子偏偏喜欢艺术，尤其是喜欢摄影。父母搞不明白，当律师多好，既体面又有钱，还有地位；搞摄影，整天背着个摄像机东奔西跑，又苦又累，还赚不到钱。儿子比较倔强，父母怎么劝说也动摇不了他的意志。无奈之下，在高考填报志愿的时候，父母偷偷地替儿子报了法律专业。儿子知道后，一气之下离家出走。十年之后，儿子回来了，这时候他已经是世界著名的摄影家了。

[心灵捕手]……

不要越俎代庖

在上面的故事中，父母的越俎代庖换来的是儿子的离家出走，所幸儿子意志坚强，最后实现了自己的理想。但如果儿子当时妥协了，按照父母的安排来设计自己的人生，那么，这世上将又少了一位著名的摄影家。

我们知道，人与人之间有共性，也有个性，每个人都有自己的好恶和生活方式。你所喜欢的东西，别人未必就喜欢；你所享受的生活方式未必对他人就适合，对别人来说有可能是折磨。因此你在帮别人的时候，要尊重别人的选择，先要问问别人需不需要，不能把自己的意志强加给别人，因为世上最痛苦的事情就是做自己不想做的事情。

让我们吸取故事中父母的教训，谨守自己的本分，做自己职责范围内的事情，不要越俎代庖。

大言炎炎，小言詹詹

[原文]……

大知闲闲，小知间间；大言炎炎，小言詹詹。

选自《庄子·齐物论》

大的智慧广博，小的智慧精细；大的言论气焰盛大，小的言论则论辩不休。这几句是说人的智慧、言论都有大小之别，借以评价百家争鸣的论辩风气。

[名师讲谈]……

"大知闲闲，小知间间"。这里的"大知""小知"，可以理解为大知识、小知识，大智慧、小智慧，大聪明、小聪明。《庄子》屡用"大知"与"小知"相对照，以各种形象的比喻来讽刺人们各种无知的情形，如"小知不及大知，小年不及大年"（《逍遥游》）。

"大言炎炎，小言詹詹"。大的言论、大的道理像火光一样，能照亮人的内心。而小的言论、小的道理呢？只是像麻雀一样，叽叽喳喳争辩不休。要想理解这两句话，必须结合庄子的生活背景来看。春秋战国时期，各阶级、各阶层之间斗争激烈，这时，代表各阶级、各阶层的学者或思想家，都企图按照本阶级（层）的利益和要求，对宇宙、社会做出解释，或提出主张。他们著书立说，广收门徒，高谈阔论，互相辩难，于是在思想领域出现"百家争鸣"的局面。

对于"百家争鸣"，庄子是持否定态度的。他说，所谓儒墨之间的论战，不过是以自认的"是"来驳斥对手的"非"，然后以自认的"非"去驳斥对手的"是"而已。庄子还精确描写了辩士们的精神风貌：他们夜不能寐，醒来时也是形体不宁，和外界接触纠缠不清，整天勾心斗角。与此同时，他们为能辩胜对手，在言语上加入陷阱，然而又怕自己陷入对手的言语陷阱，因此终日担惊受怕。庄子认为，这种一次又一次的争论，将会让他们如秋冬景物般衰败。他们终日沉溺在争辩中，对其他事物渐失兴趣，他们的心灵正在走向死亡。所以这种为了一时的虚名而疲敝自己精神的争辩于己无益，无疑是在扼杀自己宝贵的生命。

由此可见，庄子对"小知""小言"是持否定态度的，我们在生活和学习过程中，应避免以"小知"发出"小言"。

[闲话人生]……

四乘七等于几　两个人很喜欢争论，一个认为四乘七等于二十八，一个认为四乘七等于二十七。两人争论了一天一夜，谁也没说服谁，最后二人去找县太爷评理。结果，认为四乘七等于二十八的人挨了二十大板。此人颇为不服，指责县太爷处理不公。县太爷说："你竟和认为四乘七等于二十七的人争论，难道不该打吗？"这个人终于明白了：有理也可不辩。

[心灵捕手]……

不做无谓的争辩

现实生活中，我们经常看到两个人为了一件鸡毛蒜皮的小事争得面红耳赤，更有甚者，打得头破血流。他们争辩的目的，无非是为了证明自己是正确的、别人是错误的，殊不知，这样的争辩正暴露了他们的浅薄。在虚荣心的指使下，有的人喜欢表现自己，常常与人争辩，将别人的观点批得体无完肤，借以表现自己知识渊博，其实，你是一个什么样的人，别人心中早有答案。再者，即使你在争辩中获胜了，但也伤害了彼此之间的感情，所以，从这个角度来看，不管是胜利者，还是失败者，最终都没有获益。

美国教育学家卡耐基说："一种方法能得到辩论的最大利益——那就是避免辩论。"人生有许多事等着你去做，何必将时间浪费在一些毫无意义的争辩上呢？

物无非彼，物无非是

[原文]……

物无非彼，物无非是。

选自《庄子·齐物论》

世界上的事物没有不是彼的，也没有不是此的。这两句是说事物都是相对的，看问题不能绝对化。

[名师讲谈]……

庄子是一个哲学家，这段文字说的是世界观的问题。首先来看"物无非彼，物无非是"。这里的"是"当"此"讲，与"彼"相对。对于这句话，我们可以这样理解：世界上的万物本来没有彼此之分，都是人为地将其分为彼此。

举个例子，从我的角度来说，我是"此"，你是"彼"；而如果从你的角度来说，你成了"此"，我则成了"彼"。因此，每一个事物都互为彼此。彼此是相对的，那么是非同样如此。同样一件事，我从我的角度来看，它是"是"，从你的角度，它是"非"；而如果你我的立场互换一下，那么"是"与"非"又会调换，因此可以说，"是""非"也是相对的。由此，我们可以得出这样的结论，因为"彼""此"的区分导致了人们看问题角度的差异，而角度的差异又促成了"是""非"的不同。因此可以说，万事万物是相对的，这个世界是一个相对的世界。

庄子在《齐物论》中，也多次说到"事物没有绝对"，是与非的观点都是因所持的角度不同。比如，毛嫱和西施是世人公认的美人，但是鱼见了她们就深深潜入水底，鸟见了她们就飞向高空，麋鹿见了她们会拔腿奔跑。究竟谁才真正懂得美色呢？（"毛嫱、西施，人之所美也；鱼见之深入，鸟见之高飞，麋鹿见之决骤。四者孰知天下之正色哉？"）这几句话深刻地表达了事物是相对的这一观点。毛嫱和西施，世人认为她们是美女，鸟兽见了她们却四散奔逃，究其原因，人站在人的立场上，鸟兽站在鸟兽的立场上，他们看问题的角度不同。

彼此是相对的，是非也是相对的，当我们站在不同的立场上，换位思考一下，态度便会不同。《列子》中有这样一则故事：著名学者杨朱有个弟弟叫杨布。有一天，杨布穿白衣服外出会友。回家时，天下起了雨，杨布就脱掉白衣服，穿着黑衣服回家。一进门，狗没认出他，前扑后咬，大叫不止。杨布很生气，持杖打狗。杨朱马上拦阻，说："你不要打狗，如果你的狗出去时是黑狗，回来时是白狗，你也会以为它是别人家的狗，把它赶出去的！"杨布听了，果然消气，不再打狗了。

你所认为的"是"，未必就是"是"，你所认为的"非"，也未必就是"非"，你认为是好的东西，别人未必接受，你认为别人做错了，错未必就在对方身上，因此，我们要打开思维，灵活地、相对地看问题，有时还应该换位思考一下。

[**闲话人生**]……

一个男人的抱怨　一个男人厌倦了他每天出门工作而他的老婆却整天闲待在家里。他希望老婆能明白他每天是如何在外打拼的。于是他祈求上帝让他和妻子的躯体调换一天。上帝满足了他的愿望。

第二天一早，他醒来了，当然，是作为一个女人。他起床了，为他的另一半准备早点，叫醒孩子们，为他们穿上校服、喂早餐，装好他们的午餐，然后开车送他们去学校，回来的路上顺路又去超市采购。

当他打扫了猫盒，给狗洗完澡，已经是下午一点了。他匆忙地整理床铺，洗衣服，给地毯吸尘。做完家务，他又冲往学校去接孩子们。到家后，他准备好点心和牛奶，督促孩子们做功课，然后架起烫衣板熨衣服。

四点半的时候，他开始削土豆，清洗蔬菜做沙拉，准备晚餐。吃完晚饭，他又忙着收拾厨房，给孩子们洗澡，送他们上床。

第二天一早，他一醒来就跪在床边，向上帝祈求："主啊，我真不知道自己是怎么想的，我怎么会傻到嫉妒我老婆能成天闲待在家里？求求你，让我们换回来吧！"

[**心灵捕手**]……

学会换位思考

男人认为他自己在外面很辛苦,妻子在家很悠闲,因此心生嫉妒。当上帝让他变成女人后,他体会到了妻子的辛苦。故事中的男人通过换身懂得了一些道理,我们在现实生活中无法换身,但我们可以换位思考。

换位思考,就是站在对方的立场上看问题,而不只是局限于自己武断的判断。比如说,当我们与别人发生了摩擦时,不要总是想着对方怎样不对,而应该冷静下来,仔细想想,如果我是对方,我会不会也会有同样的举动呢?当你得到的答案是肯定的时,你就不会那么地生气了,因为"己所不欲,勿施于人"。

换位思考,能让我们打破固有的思考习惯;换位思考,能让我们更好地理解别人,和别人进行顺畅、和谐地交流。

学会换位思考,你将受益终生。

朝四而暮三，众狙皆悦

[原文]……

狙公赋芧，曰："朝三而暮四。"众狙皆怒。曰："然则朝四而暮三。"众狙皆悦。

选自《庄子·齐物论》

有一个养猴子的老人，给猴子吃栗子，对这群猴子说："早上给你们三颗，晚上给你们四颗。"这些猴子听了都很生气。养猴的人又说："那么早上给你们四颗，晚上给你们三颗。"这些猴子听了都高兴起来。这几句话讽刺了猴子只看眼前利益，没有全面的眼光。

[名师讲谈]……

成语"朝三暮四"便出自《庄子》的这段原文，它现在指没有原则，反复变化。不过，从这段原文来看，表意显然不是如此。

庄子认为，一切事物从整体来看没有完成和毁灭，不管怎样变化，都复归于一个整体。这个通而为一的道理只有通达之士才能了解，世人往往固执于自己的成见，将原本一体的事物割裂来看，因此不能具有全面的眼光。他们就好比是寓言中的猴子，当早晨给猴子三颗栗子时，猴子没想到晚上要给它们四颗，因此恼怒；而当听说早上给四颗栗子时，猴子一时被冲昏了头脑，立刻转怒为喜起来。朝三暮四和朝四暮三，从总体上来看，栗子的数量没增没减，猴子自以为自己聪明，但事实上还是被养猴子的人给涮了一把。

这个寓言并不只是笑话猴子只看眼前利益，实际上我们从猴子身上似乎也能看到自己的影子，我们人类不是也常常犯急功近利的错误吗？举一个例子来说，过去50年来，人类为了取得食物、净水、木材、纤维和燃料，对生态系统的破坏速度比以往任何一个年代都要快，破坏面也比任何一个年代都要广。而人类正在为自己的短视付出代价。由于环境被破坏，飓风、洪涝及干旱等灾害天气频频发生；酸雨快速蔓延；全球森林面积锐减；滥垦滥伐导致土地荒漠化加剧；大气污染日趋严重，江河湖泊污浊不堪；由城市垃圾造成的固体废物污染令人触目惊心，等等。

严酷的现实摆在眼前，我们又当如何面对呢？

[闲话人生]……

投资房地产 　有两个企业都想在某郊区投资房地产，并各派了专人前去调查那里的情况。A企业的人考察之后向公司报告说："那里人口稀少，房地产业发展机会渺茫，房子修好了也没有人去住。"B企业的人在考察之后向公司报告说："该地虽然人口稀少，但那里环境优雅，人们厌倦了城市的喧嚣，定会喜欢在那里安置生活。"B企业马上在当地破土动工。果然，随着城市包围农村，城里人越来越向往在农村生活，B企业在当地兴建的房子马上销售一空，投资得到了回报。

[心灵捕手] ……

高瞻远瞩

A企业的人目光短浅，只看到眼前事物的表象；而B企业的人却高瞻远瞩，从表象里预见到了未来，为自己的企业带来了利益。

高瞻远瞩，就是说眼界开阔，眼光长远。具有开阔眼界和长远眼光的人，常常能够突破现有的状况，跳出现有的格局，对事物的发展做出大胆的预测，继而为了自己的目标而奋斗，可以说他们在做事之前，就已掌控了未来，掌握了自己的人生。"运筹于帷幄之中，决胜于千里之外"说的是同样的道理。

在学习和生活过程中，我们可能会遇到一些困难和挫折，但如果我们不是被这些不利因素吓倒，而是把这些不利因素看成是激励我们前进的因素，这就是具备了长远的眼光。

大道不称，大辩不言

[**原文**]……

夫大道不称，大辩不言，大仁不仁，大廉不嗛，大勇不忮。

选自《庄子·齐物论》

大道是不用称说的，大辩是不可言说的，大仁是无所偏爱的，大廉是不逊让的，大勇是不伤害的。这几句话说明了"道、辩、仁、廉、勇"的本质。

[**名师讲谈**]……

春秋战国时代，人们热衷于标榜仁义道德，庄子对于这一现象，提出了他"否定式"的思考，即这一段原文。

庄子认为，"大道不称"。真正的大道是没有名称、不用称说的。为什么呢？因为"道昭而不道"。老子在《道德经》中开篇说道："道可道，非常道。"意思就是道理如果可以用言语表达，就不是永恒的道，也就是说真理不是言语能够表达清楚的。

庄子在这里说，"大辩不言"。真正的言论不用争辩，因为"言辩而不及"。"言"是一种和口有关的东西，只要有争辩，就有所不及。我们有时也会有这种体会，心中的想法难以用语言来表达。对于"大辩不言"，老子也曾说"大辩若讷"，即最大的辩才，看起来好像是木讷的。

"大仁不仁"。真正的仁是无所偏爱的。我们可以借助老子的"天地不仁，以万物为刍狗"来理解这句话。刍狗就是用草扎成的狗，是一种祭祀用品，祭祀后会被烧掉。"天地不仁，以万物为刍狗"这句话是说，不管是人，还是其他万物，在天地看来都是刍狗，都是平等的，因此天地不管对谁，都没有特别的仁。这样看来，唯有无私的"不仁"，才称得上是"大仁"。

"大廉不嗛"。"嗛"通"谦虚"的"谦"，"大廉不嗛"不是说真正廉洁的人不谦虚，而是当他真正做到了冰清玉洁的时候，反而用不着谦虚，也根本没必要标榜自己是廉洁的。庄子这么说，是在提醒世人，不要刻意显露自己的廉洁清高，因为真正的廉洁是不言自明的。

"大勇不忮"。真正的勇是不伤害别人的。武侠片上经常有这样的镜头，一些凶神恶煞的人横行霸道、欺负弱小，看起来很厉害，但到了最后，常常被一些看起来手无缚鸡之力、实际上身怀绝技的文弱书生制伏。这些文弱书生们才是真正的大勇啊。

综观庄子对于"道、辩、仁、廉、勇"之本质的论述，他想表达的是，"真相"并不是争论就可以得来的，只有了解"不道之道""不言之辩"的可贵，才算是真正明白道理之人。

[闲话人生]……

白隐禅师的故事　日本的白隐禅师道行高深,素有盛名。禅寺附近一户人家的女孩怀孕了,女孩的母亲大为愤怒,一定要找出"肇事者"。女孩说:"是白隐的。"女孩的母亲找到白隐,又哭又闹。白隐没有做任何辩解,只是淡淡地说:"是这样吗?"孩子生下来后,女孩的母亲当着所有僧人的面送给白隐,要他抚养。白隐把婴儿接过来,安排人悉心喂养。多年以后,女孩向外界道出了事实的真相,并向白隐谢罪。白隐面色平静,仍是淡淡地说了句:"是这样吗?"

[心灵捕手]……

事实胜于雄辩

　　面对别人的诬陷和羞辱,白隐禅师未做任何争辩。是非总有分明,多年以后,女孩道出了事实的真相,证明了白隐禅师的清白。从始至终都是一句"是这样吗?",白隐禅师淡然地面对着这一切。从白隐禅师的身上,我们不光看到了他的那份淡然,还看到了他对于"事实胜于雄辩"的信心。

　　生活是复杂的,有的时候,真理并非越辩越明,你越是想弄明白,结果反而适得其反,造成"越描越黑"的后果。因此,在一些并不是原则性的是非面前,我们没必要非要讨得一个说法,因为我们相信,事实胜于雄辩,时间会为我们证明一切。当你能够做到这一点,你便可以像白隐禅师那样体会到一种安详和淡然。

吾生也有涯，而知也无涯

[原文]……

吾生也有涯，而知也无涯。以有涯随无涯，殆已；已而为知者，殆而已矣。

选自《庄子·养生主》

我们的生命是有限度的，而知识是没有限度的。以有限的生命去追求没有限度的知识，就会弄得很疲困；既然这样还要去汲汲追求知识，就会弄得更加疲困不堪了！这几句话是说人的精力有限，知识无限，应顺应自然，保养生命。

[名师讲谈]……

"吾生也有涯，而知也无涯。"老师、家长常常用这两句话来勉励孩子，他们说，你看啊，庄子说了，"我们的生命是有限的，而知识是无限的"，因此，你们应该珍惜时间，在有限的生命里学到尽可能多的知识。单看这两句话，这么解释是没错的，不过，这并不是庄子的本意，庄了要强调的是这两句话以后的部分，"以有涯随无涯，殆已；已而为知者，殆而已矣"。

庄子这么说有没有道理呢？我们说，是有道理的。"知也无涯"，确实如此，"知"是没有界限的。比如，关于对地球的认识，最初，人们认为地球是宇宙的中心，太阳是围绕地球旋转的；过了几个世纪，人们认识到地球是太阳系的一名成员，它围绕太阳而非太阳围绕它旋转。至今，人们还在不断丰富和完善着对地球的认识。这一过程将随着认识的深入也将是无限的。既然知识是无限的，那么如果你把有限的生命投入到追求无限的知识中去，就会把自己搞得很疲困。在庄子看来，这是一种不顺应自然的行为，也就是不懂得养生。

其实不仅仅是知识，外物、人的欲望何尝不是无涯呢？你有了票子，就想买房子，有了房子，还想要车子，欲望总是无休无止。当你将自己有限的精力投入到无限的追求外物的活动中去，怎能不疲惫呢？

顺应自然，节制欲望，适可而止，故此，"可以保身，可以全生，可以养亲，可以尽年"。

[闲话人生]……

农夫的悲剧 有个农夫，每天早出晚归耕种一小片贫瘠的土地，收成很少。一位天神可怜农夫的境遇，就对农夫说，只要他能不断往前跑，他跑过的所有地方，不管多大，那些土地就全部归他。

于是，农夫兴奋地向前跑，一直不停地跑！农夫跑累了，想停下来休息，然而，想到家里的妻子、儿女，需要更多的土地来耕作，他

又拼命地再往前跑!

最后,农夫体力不支,"咚"地倒在地上,累死了!

[心灵捕手]……

适可而止

农夫不停地奔跑,是为了得到更多的土地。当他第一次跑累的时候,他所拥有的土地已经能够满足他的生存所需,然而他不满足,依然不停地向前跑着,直到最后送了命。农夫的悲剧在于他的贪心,在于他用"有涯"随"无涯"。

我们生存所需的物质是"有涯"的,它们与生命的价值相比微不足道,何必为了这些微不足道的和不必要的东西而舍弃自己宝贵的生命呢?

有一个词叫做"过犹不及",说的就是一个度的问题。追求知识等脑力劳动要讲求一个度,否则"精用而不已则劳",体力劳动也要讲究度,否则"形劳而不休则弊"。正确认识自己的能力和需求,合理地去追求,顺其自然,适可而止,生命便能得到休养生息,也才有精力去追求下一个目标。

先存诸己而后存诸人

[原文]……

古之至人，先存诸己而后存诸人。

选自《庄子·人间世》

古时候的至人，先求充实自己然后才去扶助别人。这两句话说了个人与社会的先后关系。

[名师讲谈]……

从小到大，我们受到的教育都是"先人后己"，在这里，庄子却提出了相反的意见——先己后人。你可能会说，庄子怎么这么自私呀？别急，等你了解了事情的来龙去脉你就能理解庄子了。

话说春秋时期，卫国君主年轻气盛，行为专断，视人民如草芥。怀有救世济民思想的颜回知道后，便要离开鲁国去拯救卫国百姓。没想到老师孔子听说后，没有表扬他，反而把他说了一顿。孔子的意思大概是说，你在救世之前，应该先想想自己有几斤几两，应该考虑一下自己有没有救世的本领。如果没有救世的本领，到了暴君那里岂不是白白送死吗？孔子的言外之意也就是说应该先存己再存人，要分清一个先后顺序。

当然，庄子在这里是借孔子之口表达自己先己后人的思想。这种思想不只道家有，佛家也有，佛家主张"先求自度，然后度他"，而且儒家孔孟思想也主张"立己而后立人"。孔子曾说："古之学者为己，今之学者为人。"（《论语·宪问》）还有，古人所谓"修身，齐家，治国，平天下"，其先后顺序也表明了应该先修身，从自身做起，将自己的本领修炼好了，将自己的修养提高了，然后再扩展延伸到家庭、国家和天下。这么看来，"先存诸己"是一种手段，是为了更好地"存诸人"。反过来说，如果我们只是空怀"存诸人"的理想，而不注重提高自身的才能，哪有资本去帮助别人呢？到了最后，救世也只是一句空话，所以归根到底，还是应该"先存诸己，后存诸人"。

[闲话人生]……

一屋不扫何以扫天下　　东汉时有一个少年名叫陈蕃。陈蕃自命不凡，一心只想干大事业。一天，朋友薛勤来拜访陈蕃，看到陈蕃独居的院内龌龊不堪，便对陈蕃说："你为何不将庭院打扫干净了再来接待客人呢？"陈蕃不屑一顾地答道："大丈夫处世，应当以扫天下为己任，怎能将精力用于打扫一间屋子呢？"薛勤当即反问道："一屋不扫，何以扫天下？"陈蕃听了，无言以对。

[心灵捕手] ……

先做好分内的事

一屋不扫，何以扫天下？陈蕃空怀"扫天下"的大志，却不注重个人的修养，按照庄子的看法，这是一种没有分清先后、舍本逐末的行为。

现代社会是一个分工有序的社会，每个人都有自己的职责：学生的职责是学习，老师的职责是教书育人，工人的职责是从事生产，学者的职责是进行学术研究……每个人像一颗螺丝钉在发挥自己独特的作用，共同维持社会这个大机器的正常运行。社会需要我们有责任心，如果我们每一个人都能将自己分内的事情做好，则对国家、对社会也就有了客观的整体推动作用。因此，是学生，首先应该把学习搞好，不一定非要放弃学业而到街上苦苦寻找学雷锋的机会；是工人，首先应该把本职工作做好，不要认为只有做一些见义勇为的事情才能更体现生命的价值……

一屋不扫，何以扫天下？只有先做好自己分内的事，才有资格、有能力帮助别人，才能真正地实现救世济民。

为人使易以伪，为天使难以伪

[原文]……

为人使易以伪，为天使难以伪。

选自《庄子·人间世》

为情欲所驱使容易造伪，顺其自然而行便难以造伪。庄子用这两句话说明了伪的成因。

[名师讲谈]……

在中国古代哲学中，常常提到"天""人"这两个概念，庄子也不例外。在庄子的哲学中，"天"与"人"是相对立的，"天"代表着自然，而"人"指的就是人为的一切，与自然相背离的一切。"人"和"为"合起来是一个"伪"字，也就是说，人为造成了人的虚伪，即"为人使易以伪"。那这句话有没有道理呢？我们说，确实如此。

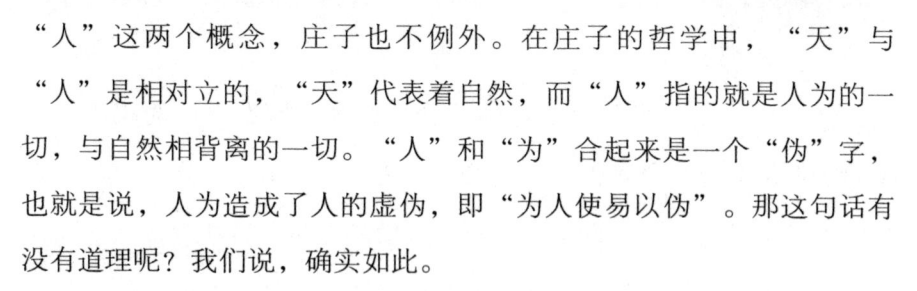

与别人打交道，有时碍于情面或为了个人的利益，而不得不说一些违心之语或做一些虚伪之事。眼见别人穿了一件不怎么好看的衣服，却夸奖着"时髦、漂亮"；明知领导做出一个很愚蠢的决策，却在那里连呼"高明"；明明一件事不愿意去做，却故意表现出高兴的样子……凡此种种，都是一种不能够真实地表达自己内心态度的行为，也就是虚伪。

有这样一个寓言：喜鹊到处自诩自己是直筒子性格，爱讲真话，从来不怕得罪人。有一次，乌鸦总管下来巡视山林。喜鹊见了乌鸦，喋喋不休恭维道："您的羽毛真美，您是天下最漂亮的鸟，您的歌儿真好听，堪称鸟王国的最佳歌星。"乌鸦总管走后，一群鸟民围拢上来，七嘴八舌质问喜鹊："乌鸦的羽毛真美吗？""乌鸦的歌儿真好听吗？"喜鹊窘态百出，支支吾吾，答不出一句话来。喜鹊出于维护自己的利益而讲了假话，这就是"为人使易以伪"。

而"为天使"呢？一切顺其自然，按照自己的意愿来接人待物，自自然然，本本真真，这样就难以伪。庄子提倡"无为"，反对"人为"，因此他提倡应该顺从天道，摒弃人性中那些"伪"的杂质。

庄子在这里为我们解答了伪的成因，至于是"为人使"，还是"为天使"，那就看各人的追求了。

[闲话人生]……

部族约定 据说一个部落有一个奇怪的约定：凡是参加部落聚会时，所有成员必须赤身裸体。这个约定让很多外部落的人无法接受。

有一次，这个部落得了一场怪病，很多人都病倒了。本族医生束手无策，无奈之下，族长只好求助于外族的一位神医。起初，这位神医怎么也不肯答应去看病，原因就是这个部落的约定让他无法忍受。

族长一再请求，说是族人无法自救，而且很多人都在病危之中，恳求神医一定出手相救。神医考虑到人命关天，终于答应下来了。

神医来看病的那一天，族长说，好不容易把神医请来，为了表示对神医的尊重，这次大家就破一次例穿上衣服吧。于是全族人都穿上衣服等待神医的到来。

神医到来的钟声响起来了，大门一开，大家全都惊呆了：只见神医全身一丝不挂，斜背着一个药箱走了进来……

[心灵捕手]……

做真实的自己

读完上面这个小故事，不禁哈哈大笑。但是在大笑之后，似乎又有些东西让人深思。如果那个部落的人不穿上衣服，或者说那个医生不脱去衣服，那他们就不会遭遇那样的尴尬，正是因为他们为了对方而改变了自己，结果出现了尴尬的一幕。

人与人相处，不是一件简单的事，有时为了有利于解决问题或维持和他人的关系，我们需要善意地"伪"，放弃自己的一些原则，或者为他人做出改变。但是话又说回来，如果你是一个原则性非常强的人，这些改变对你来说是痛苦的，你对这一切是深恶痛绝的，那就学学庄子，坚持做自己好了。别人不会因为你说了真话而反对你，相反，说真话的人反而会赢得别人的尊重。

畅快地表达内心的真实想法，活出真实的自己。

不知其不胜任也，是其才之美者也

[原文]……

汝不知夫螳螂乎？怒其臂以当车辙，不知其不胜任也，是其才之美者也。戒之，慎之！积伐而美者以犯之，几矣。

选自《庄子·人间世》

你不知道那螳螂吗？奋力举起臂膀去阻挡车轮，不知道自己的力量不能胜任，这是因为它把自己的才能看得太高的缘故。要小心，要谨慎啊！你若多夸自己的长处去触犯他（蒯聩），就危险了。这几句话是说做人要有自知之明，不要空有勇气却不自量力，只有知道自己的能力大小，才能进退自如，才能自保。

[名师讲谈]……

在说一个人不自量力的时候，我们常常使用"螳臂当车"这个成语，这个成语最早的来源大概就是庄子的《人间世》。故事是这样的：鲁国有一位贤人，名叫颜阖。有一天，颜阖被任命为卫国太子蒯聩的老师。给太子当老师？听起来不错呀，其实不然，因为这位太子为人凶残暴虐。俗话说"伴君如伴虎"，深明这一道理的颜阖担心自己的安全，于是他特地找到卫国的贤人蘧伯玉，向他请教为师之道。蘧伯玉建议颜阖首先要端正自己，其次要随机应变，对太子进行引达顺导，将他引向正途。同时，颜阖还应该认识到自己能力有限，不可螳臂当车，自不量力。

俗话说，人贵有自知之明。但事实上，人们常常犯不自量力的错误，历史上就不乏这样的事例。春秋时期，在今河南省境内有两个诸侯国，一个是郑国，一个是息国。起初，郑国和息国睦邻相处。有一年，息国因为一件小事和郑国闹翻了。息国国君要讨伐郑国，就召集大臣来商议。大臣们认为本国的威望不如郑国高，力量也不如郑国强，因此建议国君不用动武。但息国国君对这些劝说一点也听不进。他下令向郑国发起袭击，郑国立刻出兵迎战，结果息国兵被打得丢盔弃甲，狼狈不堪。

所谓"当局者迷，旁观者清"，人往往对别人看得很清楚，而对自己不够了解，或是太高估了自己，总是认为自己天下第一，什么都行；或是太小瞧自己，认为自己这也不行、那也不行，做事前怕狼后怕虎。结果前者盲目贪大，受到惩罚；后者畏首畏尾，一事无成。我们每个人都要有自知之明，只有对自己有一个清醒而全面的认识，才不会做出错误的判断与决策。

自知之明是智慧。老子说："知人者智，自知者明。"莎士比亚也说：“愚者自以为聪明，智者却有自知之明。”自知之明还是一种美德。美国的巴顿将军说：“有一种东西，比才能更罕见、更优美、更珍奇，那就是自知之明。”

[闲话人生]……

挑水的武师　　有一位武术大师隐居于山林中。听到他的名声，人们都千里迢迢来寻找他，想跟他学些武术。

他们到达深山的时候，发现大师正从山谷里挑水。他挑得不多，两只木桶里水都没有装满。按他们的想象，大师应该能够挑很大的桶，而且挑得满满的。

他们不解地问：“大师，这是什么道理？”大师说：“挑水之道并不在于挑多，而在于挑得够用。一味贪多，适得其反。”

众人越发不解。

大师笑道：“你们看这个桶。”众人看去，桶里划了一条线。大师说：“这条线是底线，水绝对不能高于这条线，高于这条线就超过了自己的能力和需要。起初我还需要看这条线，挑的次数多了就不用看这条线了，凭感觉就知道是多少。有了这条线，可以提醒我，凡事要尽力而为，也要量力而行。”

[心灵捕手] ……

量力而行

　　武师之所以造诣深厚，除了勤学苦练外，和他那种"凡事要尽力而为，也要量力而行"的处世态度是分不开的。尽力而为是一种积极的生活态度，固然值得提倡；量力而行是一种智者之举，更加可贵。

　　每个人的身体、智商、情商都是不一样的，因此我们做事应该"量力而行"，根据自己的情况，不盲从，不跟风，找准自己的方向和目标，脚踏实地地去做力所能及的事，不贪多，不贪大。量力，是知己知彼的衡量，也是自我掂量的抉择。量力而行的饮食能给我们一个健康的身体；量力而行的运动不会让我们身体亏损；量力而行的工作不会让我们承受过大的压力；量力而行的消费能形成一种正确的消费观，不让自己背上沉重的贷款包袱；量力而行的目标会培养起更大的兴趣和热情，会变得更容易实现。

来世不可待，往世不可追

[原文]……

来世不可待，往世不可追也。

选自《庄子·人间世》

来世是不可期待的，往世是不可追回的。这两句话是说要活在当下。

[名师讲谈]……

今人常说的"来世不可待，往世不可追"，便源自于《庄子》中的这两句原文。这两句话，也是有来历的。

楚国的狂人接舆听说孔子周游列国来到楚国了，便找到孔子，对着孔子大声唱："凤兮凤兮，何如德之衰也！来世不可待，往世不可追也。"接舆把孔子比作凤凰，他说这现实世界是一个乱世，仁义道德的社会只存在于来世和往世，但是来世是等不及的，而往世又是追不回来的。接舆之所以这么说，是劝孔子既然生逢乱世，就应该懂得保全生命。

放在今天来看这句话，它也是很有哲理的。一句歌词说得好，"昨日像那东流水，离我远去不可留"，时间是一维的，过去了就永远没法再次来过。昨日可能是辉煌，但那已成为历史，你不能永远沉醉在昨日辉煌中而固步不前；昨日可能有遗憾、有后悔，但过去的已经过去，何必为打翻的牛奶而哭泣呢？"往世不可追。"那么对于来世应该持什么样的态度呢？爱因斯坦说："我从来不想未来，因为未来总来得太快。"想想人生的历程：小时候，盼着自己快快长大；上了学以后，拼了命要考大学；进了大学，巴不得赶快毕业找一份好工作；工作了，又迫不及待地结婚、生子；后来，孩子长大了，又恨不得赶快退休；最后，等真的退休了，也老得几乎连路都走不动了……

让我们记住爱默生的话："你若是爱千古，你应当爱现在。昨日不能换回，明天还是不实在，你能确实把握的只有今天的现在。"

[**闲话人生**]……

扫落叶的小和尚　　有个小和尚，每天早上负责清扫寺庙院子里的落叶。每天都需要花费许多时间清扫树叶，这实在让小和尚头痛不已。

有一天，小和尚想出了一个好办法。隔天他起了个大早，使劲地猛摇树，他认为这样就可以把今天跟明天的落叶一次扫干净了。

第二天，小和尚到院子一看，院子里如往日一样落叶满地。

老和尚走了过来，对小和尚说："傻孩子，无论你今天怎么用力，明天的落叶还是会飘下来。"

小和尚终于明白了，世上有很多事是无法提前的，唯有认真地活在当下，才是最真实的人生态度。

[心灵捕手]……

活在当下

就像故事中的小和尚，大多数的人总是为未来担忧，整天想着明天、明年甚至下半辈子的事，忘了把眼光放在"现在"。我们要明白一个道理，明天的烦恼在今天是无法解决的，你所要做的不是预支明天的烦恼，而是努力做好今天的事。

佛家常劝世人要"活在当下"。到底什么叫做"当下"呢？"当下"就是你现在所处的环境、和你一起生活和工作的人、你现在正做的事，等等。简而言之，"当下"就是你现在所经历的一切。"活在当下"就是要求你目光聚集在这些人和事上，全心全意、认认真真地去接纳、品尝和体验这一切。因此可以说，"活在当下"是一种全身心地投入现实世界的生活方式。当你专注地活在当下，过去和未来都不会对你产生影响，你将有更多的精力来关注、把握眼前，你的生命也将更加饱满和充实。

明于权者不以物害己

[原文]……

知道者必达于理，达于理者必明于权，明于权者不以物害己。

选自《庄子·秋水》

认识道的人必定通达事理，通达事理的人必定明了应变，明了应变的人不会让外物伤害自己。这几句话是说要懂得变通以保护自己。

[名师讲谈]……

"通权达变"是儒家思想的一个重要组成部分，孟子说："男女授受不亲，礼也；嫂溺援之以手，权也。"（《孟子·离娄篇》）这表示，礼法也有权变的时候。而庄子作为一个超脱名利和生死的道学家，也提倡权变。

庄子认为，要做到权变的前提是"知道""达理"。在道家看来，"道"是至高无上的，而"理"则是低于道的。当你做到"知道"，了解了大的道理，那么具体的事理必定明白，即"达于理"。做到了通达事理，接下来你将取得"明于权"的成效。在这里，"权"做"权变"讲，也就是变通。当你通达事理，你定能根据种种条件而采取变通的办法。当你审时度势有所变通后，你便可以在坚持自我的同时做到趋利避害，达到"不以物害己"的最终目的。这样的做法可以和《诗经》中提到的"既明且哲，以保其身"相似，即所谓明哲保身。

庄子认为，善于权变的人，不会让外物伤害自己。这并不是说他自身逼近危险时能不受损伤，而是因为他能辨别安全和危险，进退都极端谨慎，能够做到趋利避害。历史上有很多这样通权达变的智者。在帮助越王勾践灭吴后，范蠡不辞而别，偕西施泛舟五湖；刘邦称帝后，群臣争功，唯有张良行事低调，始终毫毛未伤；初唐大将李靖文才武略，出将入相，毅然急流勇退。这些人最后能做到全生保身，就在于他们有自知之明，明白功高震主这个道理，故此，该引退时引退，在合适的时间做合适的事，大家皆大欢喜。

人生路上并不总是鲜花和掌声，有时还遍布荆棘和暗礁，要想做到"不以物害己"，必须懂得权变，善于变通。

[闲话人生]……

鸡蛋与胡萝卜　　一位年轻人总觉得自己与社会格格不入，整天过着苦闷的生活。这天，他来到一位师长家寻求帮助。师长将一根胡萝卜和一个鸡蛋放入冷水中，然后打开燃气开关。过了约10分钟，师长把煮熟的胡萝卜和鸡蛋捞出来。

师长说："胡萝卜入锅前是结实的，但经过开水煮后，它就变软了。鸡蛋入锅前是易碎的，但经过开水煮后，它就变硬了。"

这时候，年轻人抢着说："面对同一环境，都是它们不可改变的，但是鸡蛋却能够改变自己，融入并适应这个环境，从而变得更加强大。"

"没错!"师长高兴地说,"你虽然改变不了环境,但是可以改变自己。"

[心灵捕手]……

改变自己,适应环境

有人喜欢改变自己来适应环境,有人喜欢改变环境来适应自己,这都是和环境协调的办法。但是,有的时候环境是我们无法改变的,若硬要改变,很可能头破血流。因此这时候,唯一可行的办法就是改变自己,学着适应环境。比如上课,老师只有一个,学生却有几十个,而每个人的思维方式、学习方法又都不相同,若要一个老师来适应所有的学生是不现实的,所以,学生就应该学着去适应老师的教学方法,适应老师的讲课思路。

"你虽然改变不了环境,但是可以改变自己。"为了让生命在有限的时空中得以延续,我们应该在坚持原则的前提下,学着适当地改变自己的思维方式、看问题的角度等,获得更广阔的生存空间。

非梧桐不止，非练实不食，非醴泉不饮

[原文]……

夫鹓鶵，发于南海而飞于北海，非梧桐不止，非练实不食，非醴泉不饮。

选自《庄子·秋水》

鹓鶵从南海出发，飞到北海，不是梧桐树它不休息，不是竹子的果实它不吃，不是甜美的水泉它不饮。庄子借鹓鶵的行为表达了自己志向的高洁。

[名师讲谈]……

庄子有一个好朋友，名叫惠施，著名的"子非鱼，安知鱼之乐？"就出自惠施之口。庄子与惠施一生交好，不过他们之间也曾发出过不和谐之音。

庄子知道惠施做了魏国的宰相后，就想到魏国看望一下老朋友。一些爱进谗言的小人就对惠施说："庄子这次来魏国，或许是要来谋取您的相位，您可千万要小心啊！"惠施听了，开始担心自己的位子被庄子抢了去，就在国内搜寻庄子，搜了三天三夜，都没找到庄子。没想到庄子在第四天主动去见惠施，并给他讲了一个寓言。大致意思是："鹓鶵非梧桐不止，非练实不食，非醴泉不饮，当它正飞翔时，地上的一只猫头鹰刚好抓了一只死老鼠。猫头鹰以为鹓鶵要来抢夺自己的死老鼠，就向鹓鶵怒叫一声。我说老朋友啊，你该不会拿魏相来

对我怒叫吧？"鹓鶵是属于凤凰一类的鸟，它的饮食和栖息都不同于一般的鸟，是品行高洁、超凡脱俗的象征。而猫头鹰呢，不仅以腐鼠为宝，还妄加揣测别人，其猥琐的形象一目了然。在这个寓言中，庄子自比鹓鶵，将惠施比作猫头鹰，嘲笑惠施看重世俗名利。

历史上从来就不缺少像庄子这样的高洁之人，东晋诗人陶渊明也曾"不为五斗米折腰"。公元405年秋天，陶渊明为了养家糊口，来到彭泽当县令。一天，郡太守派来的督邮来到彭泽县检查工作。督邮一到彭泽，就要求县令来见他。陶渊明对这种假借上司名义发号施令的人很瞧不起，但也不得不去见一见，于是动身。不料县吏拦住陶渊明说："大人，参见督邮要穿官服，不然督邮要乘机大做文章，会对大人不利！"陶渊明长叹一声，道："我不能为五斗米向乡里小人折腰！"说罢，他取出官印，辞官归隐。

不管是庄子，还是陶渊明，他们都视名利如"腐鼠"，不为名利所束缚，他们的这种高风亮节值得我们学习。

[闲话人生]……

朱自清不领美国面粉　20世纪40年代，国民党发动全面内战后，物价飞涨，老百姓苦不堪言。清华大学教授朱自清也背了一身的债，一家人只能喝稀粥度日。国民党政府几次请他出来做官，都被他一一拒绝了。后来，国民党担心大学教授造反，给他们发了面粉配给证，低价供给美国"援助"的面粉。为了抗议美国帮助蒋介石打内战，北京一百多个教授发表声明不买美援面粉。朱自清也毫不犹豫地在声明上签了字，说："宁可贫病而死，也不接受这种侮辱性的施舍。"这年

（1948年）8月12日，朱自清贫困交加，在北京逝世。临终前，他嘱咐夫人："我是在拒绝美援面粉的文件上签过名的，我们家以后不买国民党配给的美国面粉。"

[心灵捕手]……

要有高洁的情怀

朱自清本来可以做官发财，也可以领美国面粉而活命，但他拒绝了高官厚禄，而且宁可饿死也不领美国的"救济粮"，他的这些举动表现了中国人的骨气，也表现了他人格的高洁。

南朝诗人鲍照说："直如朱丝绳，清如玉壶冰。"为人正直、品行纯洁是我们做人的准则和目标。孟子也说"富贵不能淫,贫贱不能移"，这也是告诉我们面对高官厚禄或贫穷困苦时应该采取的理智态度。

"非梧桐不止，非练实不食，非醴泉不饮"。让我们不管何时都洁身自好，保证自己品行端正，保持高洁的情怀，唯有如此，才能像鹓鸰一样高飞远游。

用志不分，乃凝于神

[原文]……

用志不分，乃凝于神，其佝偻丈人之谓乎！

选自《庄子·达生》

用心不分散，凝神会精，不就是说这位驼背老人嘛！这几句话是说做事应专心致志。

[名师讲谈]……

庄子强调养生、养神，他专门有一篇论述养神的文章，即《达生》，上文中的几句话便选自《达生》篇，说的就是养神的基本方法。

孔子要到楚国去，经过一片树林时，看到一位驼背老人正用长竿粘蝉，轻松得好像从地上捡东西一样。孔子忍不住上前请教老人秘诀。老人告诉孔子，他的秘诀就是持之以恒地训练，并在捕蝉时心无二念，忘却万物，全神贯注于蝉翼。孔子听了，转头对学生们说了这几句话。

"用志不分，乃凝于神"，当一个人的注意力完全集中于某一事物时，他的能力就能得到最大的发挥。《达生》篇还记载了一个能工巧匠梓庆的故事，他在做钟架之前，集思凝神，把自我与外界高度融为一体，因此他做出的钟架有鬼斧神工之妙。

不仅庄子重视"志"的不分，亚圣孟子也对"志"相当注重，他曾在《告子上》讲过这样一个故事。弈秋是全国最好的棋手，他教两个人下棋，其中一个全神贯注，专心听从教导。另一个呢，虽然听着，但是一心想着天鹅要飞过来，希望拿着弓箭去射天鹅。孟子认为，这两个人虽然同时在学习，但一心想着射天鹅的人的水平绝对赶不上专心听讲的那个人，原因并非两人的智商有高下之分，而是他们"专心致志"的程度不同。德国哲学家费尔巴哈也曾说："科学是非常爱妒忌的，科学只把最高的恩典赐给专心致志地献身于科学的人。"

　　粘蝉老人的专心凝神换来的是粘蝉时的驾轻就熟，其实，所有高超的本领都在于"用志不分，乃凝于神"。我们要想做好任何事情，都必须摆脱外物的诱惑和束缚，将精力全身心地投入到所要做的事情中去。

[闲话人生]……

专注的罗丹　　罗丹是意大利著名雕刻家。有一天，几位客人前来拜访他。吃过饭后，罗丹带着客人来到了自己的工作室。罗丹向客人展示了自己的近作——一座女正身像。但是在审视片刻之后，罗丹低语了一句："这肩上线条还是太粗。对不起……"他拿起刮刀，木刀片轻轻滑过软和的黏土，给肌肉一种更柔美的光泽。他健壮的手动起来了，他的眼睛闪耀着。"还有那里……还有那里……"这样过了半个小时，一个小时……他没有再同客人说过一句话。他忘掉了一切，除了他要创造的更崇高的形体的意象。直到最后，他修改完毕，向门口走去时，才想起他的客人。

[心灵捕手]……

专心是一切艺术与伟业的奥妙

罗丹在雕刻时专心致志,以至于忘记了客人的存在,这种做事极其投入的态度让人感慨佩服,无怪乎客人从罗丹身上参悟到,专心乃是一切艺术与伟业的奥妙。

"专心致志"用来形容一个人做事全神贯注,一心一意。在人们的生活、学习和工作过程中,注意力起着非常重要的作用。我们都有这样的体会,当专心致志、注意力集中时,就仿佛完全进入了另一个世界,对周围的喧闹声、说话声就会听而不闻。这时,老师的讲解很容易理解,要做背诵或其他练习时,也感觉很顺畅,用时也较少;而当注意力不集中时,精力被周围的环境所牵制,心神不能专注,对于老师的讲解基本上是左耳朵进右耳朵出,要记住一些东西或做分析性的工作也变得非常困难。

全神贯注,集中注意力,把易于弛散的意志贯注在一件事情上,将为我们以后迈向成功打下基础。

处乎材与不材之间

[原文]……

周将处乎材与不材之间。

选自《庄子·山木》

我（庄周）将处于"材"和"不材"之间。这是庄子提出的处世之道。

[名师讲谈]……

2007年春晚，某个小品中的一句"你太有才了"成了当年的流行语，时至近日，还是许多人的口头禅。"你太有才了"是一句赞赏的话，但有才真的好吗？有才就应该外露吗？庄子对此不以为然，他用寓言表达了自己的看法。

庄子与弟子们行走在山林中，见一棵大树枝叶茂密，伐木工人停在一旁而不去砍取它。庄子问他原因，工人说此木毫无用处。庄子感叹此木因"不材得终其天年"，言外之意就是"成材"的大树无法终其天年。庄子一行人来到朋友家，朋友让童仆杀鹅款待客人。家中一只鹅会叫，另一只不会叫，结果那只不会叫的被杀。第二天，弟子问庄子，大树因"不材"而终享天年，鹅因"不材"而惨遭杀戮，这可如何是好呢？庄子笑了笑，将他"材与不材"的处世之道告诉了弟子。

我们知道，庄子是寓言大师，故事中的山木与鹅何尝不是人的写照？太凸显自己的"材"，有可能功高震主，给自己惹来杀身之祸；而若是显得太无能，就有可能遭到淘汰出局。因此，生活在乱世之中的庄子选择了"材与不材之间"的"中间路线"作为生存法则。"材与不材",说到底还是说为人处世要懂得拿捏分寸,在"不材"与"材"之间找到一个平衡点,使得自己免于成材之害,也免于不成材之害,从而能全身保生。

说到"处乎材与不材之间",儒家也有类似的思想。儒家提倡中庸,主张待人接物采取不偏不倚、调和折中的态度。所以,孔子称道卫国的宁武子:国家昌明有道的时候,他就表现出智慧;国家昏昧无道的时候,他就表现出愚蠢。

虽然世易时移,但是古人"处乎材与不材之间"的安身立命之法,对于我们今人还是有一定的借鉴意义,能让我们从中学到拿捏分寸的处世之道。

[**闲话人生**]……

分寸的力量　一位叫迈克尔的男孩长得又高又壮,他的母亲害怕他会成为"小霸王",于是叫他与人为善,学会忍耐。结果很多孩子欺负他。迈克尔对父亲说:"我真想狠狠地揍他们,但我知道这样做妈妈会生气。"父亲说:"你不必揍他们,但可以通过其他方式让他们知道你不能再忍受他们的欺负,比如争取自尊,树立自信。"

有一天,迈克尔与孩子们在篮球场上打球。那几个常欺负他的孩子设法戏弄他,但迈克尔没有像往常一样站在那里忍受,而是叫他们停止,但他们不听。迈克尔只好把其中两个紧紧摁在篮球场上,但没有打他们。从此,迈克尔班上再也没有发生过恃强凌弱的事,迈克尔也成为班上最受欢迎的人。后来,迈克尔还成为了无数球迷崇拜的英雄——迈克尔·乔丹。

[心灵捕手]……

把握分寸

一味地忍让并不能让自己赢得别人的尊敬,所以迈克尔·乔丹起初会受欺负。后来,在爸爸的启发下,他明白了这一道理。当他在篮球场上再次遭到戏弄时,他不再选择忍耐,而是给了那几个孩子一点颜色,同时他并没有像自己说的那样"狠狠地揍他们",而仅仅是将他们摁在篮球场上,他的这种有分寸的处理方式,争取了自尊,也为自己赢得了别人的尊重。

这就是分寸的力量。分寸实际上也是一个度的问题。要想与人和谐相处,就要懂得拿捏分寸,这要求我们既要与人为善,也应该学会维护自己的尊严和权利。

过与不及,都达不到预期的效果。把握好了人生的分寸,就等于掌握了自己的命运。至于分寸的"度"如何,就看个人的实际境况了。

自伐者无功，功成者堕，名成者亏

[原文]……

自伐者无功，功成者堕，名成者亏。

选自《庄子·山木》

夸耀自己的人反而没有功绩，功成不退的人会堕败，彰显自己名声的人会受到损伤。这几句是说人不要居功自满。

[名师讲谈]……

庄子在《逍遥游》篇曾说"至人无己，神人无功，至人无名"，他的"无功""无名"思想在《山木》篇也有所体现，这就是："自伐者无功，功成者堕，名成者亏。"这种淡泊功名的思想是道家的一种传统，道家始祖老子也曾说："生而不有，为而不恃，功成而弗居。夫唯弗居，是以不去。"有名不显，有德不扬，功成不就，业成不居，说的就是在任何情况下都保持一颗淡然的平常心，超脱功名的束缚，达到"与道为一"的人生大境界。

这种"无功""无名"的思想其实是人生的一种大智慧。拿做官来说，如果以功名自居，高高在上，就难免为功名所累，自是自傲，被权力腐蚀，最后被权力的异化所扼杀。"汉初三杰"中的韩信是一个典型的例子。韩信是刘邦的得力大将，他平三秦、破代、灭赵、降燕、伐齐，直至垓下全歼楚军，为建立汉王朝立下了赫赫战功。但是他自恃功高，不知收敛，引起刘邦的恐慌和反感，最后落得"兔死狗烹""鸟尽弓藏"的命运,让人扼腕叹息。同为"汉初三杰"的张良则聪明得多,汉朝建立后,张良摒弃人间万事,专心修道养精,最终以"隐于市朝"的特殊方式躲过了杀身之祸,保全了自己和家人的性命。

陈毅元帅说:"九牛一毫莫自夸,骄傲自满必翻车。历览古今多少事,成由谦逊败由奢。"古往今来的事例和箴言告诉我们,骄傲自满会给自己带来祸患,只有去除功名之心,做到"无功""无名",始终保持谦虚谨慎的态度,方能保护自己不受侵害。

[闲话人生]……

不可一世的狐狸　有只不可一世的狐狸,总以为自己是森林中最伟大的动物。

一天下午,狐狸独自散步,走着走着,意外地发现了自己的身影很巨大。这个新发现让它很高兴,它更相信自己是森林中最了不起的动物。正在它得意忘形之际,来了一只狮子。看到狮子时,狐狸一点儿都不怕,它拿自己的影子和狮子相比较,结果发现自己的影子比狮子还大,就不理睬狮子,自得其乐地在那里继续散步。

狮子趁狐狸毫无防备时,一跃而上,把正在得意忘形的狐狸咬死了。

[心灵捕手]……

满招损，谦受益

狐狸为它的骄傲自大付出了代价，狐狸犯的错误我们人类也难以避免。有了一点点成绩就目空一切，有了一点点名声就恨不得"路人皆知"。然而这样的人往往不能得意许久，很快就会衰败。

古语说："满招损，谦受益"。骄傲自满的人自以为了不起，看不起别人，听不进批评的意见，盛气凌人。这样做只会给自己带来祸患。三国时，马谡拒谏失街亭，不仅自己人头落地，还给蜀国造成了重大损失。这就是一个血的教训。同时，骄傲的人往往自视甚高，而对别人过低估计，这样的人看不到自己的缺点，也看不到别人的长处，所以无法做到取人之长，补己之短，时间长了，他的才能和智慧得不到发展，只能停滞不前，所谓"逆水行舟，不进则退"。

而谦虚的人不同，他们能尊重他人，不耻下问，取长补短，这样的人必能进德修业，成就辉煌。

君子之交淡若水，小人之交甘若醴

[原文]……

君子之交淡若水，小人之交甘若醴；君子淡以亲，小人甘以绝。彼无故以合者，则无故以离。

选自《庄子·山木》

君子的交情淡薄得像水一样，小人的交情甘美得像甜酒一样；君子淡薄却亲切，小人甜蜜却易断绝。所以凡是无缘无故结合的人，也就无缘无故而离散了。这几句说的是交友之道。

[名师讲谈]……

关于交友之道，庄子在两千年前就已提及，他也是通过一个小故事来说明的。话说孔子周游列国屡遭不幸，不是被驱逐，就是被围困。在他遭遇到这些祸患后，亲戚朋友和他疏远了，学生也离散了。孔子很是疑惑，他找到子桑雽，问他为什么会这样。子桑雽便说了上文这些话来宽慰他。

何为君子之交呢？君子之间的交往建立在共同的兴趣、类似的人生观与价值观之上，因此能够长期而稳定，亲切而长久。"君子之交淡若水"，水虽然平淡无奇，但却是不可或缺的，君子之间的交往如涓涓细流，源远流长。如水的友谊，历来为人们所钦羡与身体力行。晋人陆凯与友人范晔分手时写下"江南无所有，聊赠一枝春"；唐朝诗人杜甫在至友即将来访时难掩内心喜悦，留下"花径不曾缘客扫，蓬门今始为君开"的名句。

那么小人之交呢？欧阳修曾说："君子与君子以同道为朋，小人与小人以同利为朋。"建立在物质利益之上的交往，表面上看似甜蜜，一旦利益交换的条件不再具备时，这种友谊便很容易断绝。因此"甘若醴"的友谊大都经不起考验，难以长久。汉朝翟公曾经做过廷尉。他在任的时候，登门拜访的宾客塞满了门庭。后来他被罢了官，就没有宾客再登门了，结果门口冷落得可以张起网来捕捉鸟雀了。当你无限风光时，他们趋之若鹜；而当你落魄潦倒时，他们则嗤之以鼻，甚至落井下石。这就是小人之交的表现。

古罗马哲学家西塞罗说："把友谊归结为利益的人，我认为是把友谊中最宝贵的东西勾销了。"确实，真正的友谊都是像水一样清澈的、清淡的，淡如水的友谊才是我们要追求的。

[闲话人生]……

朋友与熊 两个平时非常要好的朋友一道上路。途中，突然遇到一头大熊，其中的一个立即闪电般地抢先爬上了树，躲了起来，而另一个眼

见逃生无望，便灵机一动躺倒在地上，紧紧地屏住呼吸，假装死了。据说，熊从来不吃死人。熊走到他跟前，用鼻子在他脸上嗅了嗅，转身走了。躲在树上的人下来后，问朋友熊在他耳边说了些什么。那人回答说："熊告诉我，今后千万注意，别和那些不能共患难的朋友一起同行。"

[心灵捕手]……

交真正的朋友

在没有遇到患难时，两个人是非常要好的朋友，而真的遇到危险，一个人便扔下朋友不管了，"患难之中见真情"，不能共患难的人不是真正的朋友。

培根说："缺少真正的朋友乃是最纯粹最可怜的孤独，没有友谊则斯世不过是一片荒野。"从小到大，我们也交过许多朋友，有的还有联络，有的却早已从记忆中消失，留下来的也许是真正的朋友，消失的已不能称之为朋友。那怎样的朋友才算是真正的朋友呢？

真正的朋友不会只讲你喜欢听的，而会直率地指出你的缺点和不足，帮助你改正。真正的朋友不是锦上添花，而是雪中送炭。真正的朋友并不一定常常在你身边，但他会时刻把你记在心里。真正的朋友不一定要说甜言蜜语，但是在你遇到危难时，他一定会第一个挺身而出。

如果你已拥有挚友，那就珍惜你们的友谊吧，不掺杂物质利益的索求，在如水的交往中体会淡然的美好。

见得而忘其形，见利而忘其真

[原文]……

一蝉，方得美荫而忘其身；螳螂执翳而搏之，见得而忘其形；异鹊从而利之，见利而忘其真。 选自《庄子·山木》

一只蝉因为找到树叶的荫蔽而忘了自身安全；有只螳螂隐蔽在它后方而捕住它，螳螂见有所得而忘了自己形体的暴露；异鹊乘机攫取螳螂，只顾贪利而丧失性命。这是见利忘害的几种表现。

[名师讲谈]……

这则蝉、螳螂、异鹊三者相互关联的故事，比喻的是人们只看到眼前的利益而疏忽了身后的危险，故事原文是这样的。

一天，庄子来到栗园游玩，忽然看到一只怪异的鹊（即"异鹊"）从南方飞来。庄子拿着弹弓尾随它。这时庄子看到一只蝉在树荫下休憩，同时一只螳螂藏在蝉的后方准备捕捉它，螳螂的后方还有异鹊正等着吃它。异鹊呢，它的眼中只有螳螂，并不知道身后还跟着拿着弹弓的庄子。庄子见物类互相累害、为了眼前利益而忘了自身危险，心情变得沉重，便扔下弹弓想要离开。看园的人看到庄子，还以为他想偷栗子，追赶着责骂了他一通。事后，庄子想到自己也是因为追赶异鹊而忘了后患，以致被看园人误会而遭到辱骂，自己的行为同蝉、螳螂、异鹊并无二致。在这里，庄子并不是要告诉我们一个食物链的知识，他要传达的哲理是物与物之间互相依存，不能只看眼前，而不顾身后。

"螳螂捕蝉，黄雀在后"，动物界中物物相竞，其实人类世界何尝不是如此呢？声名等外物对人有着致命的诱惑，欲望、贪念常常能够混淆人的耳目视听，人们为了一些眼前的利益相互竞逐，争斗不休。

为了让世人明白只看眼前利益的危害，"螳螂捕蝉，黄雀在后"曾被用来劝谏君王。汉代刘向《说苑》一书记载：春秋末期吴王准备攻打楚国，大臣们虽然反对，但无人敢言。王宫中一个青年侍卫官用螳螂捕蝉、黄雀在后、自己在黄雀后的故事，让吴王认识到它们三个都只顾眼前利益而看不到身后的灾祸。吴王听后很受启发，随后取消了这次军事行动。

"鱼见饵而不见钩，人见利而不见害。"我们必须时刻保持清醒的头脑，不被眼前利益所迷惑。

[闲话人生]……

鱼和鱼竿　从前，有两个饥饿的人得到了一位长者的恩赐：一根鱼竿和一篓鲜活硕大的鱼。其中，一个人要了一篓鱼，另一个人要了一根鱼竿，之后他们便分道扬镳了。得到鱼的人原地就用干柴搭起篝火煮起了鱼，他狼吞虎咽，转瞬间，连鱼带汤就被他吃了个精光。不久，他便饿死在空空的鱼篓旁。另一个人则提着鱼竿继续忍饥挨饿，一步步艰难地向海边走去。终于，他看到那片蔚蓝色的海洋，他用鱼竿钓到的鱼为自己做了一顿丰盛的晚餐，并且以后每天都可以享受鱼的美味。

[心灵捕手]……

鱼和鱼竿，你要哪一样

得到鱼的人，虽然享受了几顿鱼的美味，但终究难逃饿死的命运。得到鱼竿的人，虽然经历了饥饿，但他因为有了鱼竿，有了谋生的工具，而最终得以活了下来。这个故事告诉我们，一个人若只顾眼前利益，得到的终将是短暂的欢愉，而只有将眼光放长远，着眼于长远的利益，才能求生存、求发展。

只看眼前利益的人看不到事物之间都是相互关联的，没有整体的眼光，因此他不能在安逸中看到祸患，也因此不能走得很远。而要想看到长远的利益，必须有开阔的境界，只有眼界开阔，才能看得更远，才能取舍得宜，取得更大成就。

鱼和鱼竿，你要哪一样？相信你已经做出选择。

天地有大美而不言

[原文]……

天地有大美而不言,四时有明法而不议,万物有成理而不说。

选自《庄子·知北游》

天地有大美而不言语,四时有明显的规律却不议论,万物有生成的道理却不言说。这是庄子的自然观。

[名师讲谈]……

《知北游》的内容主要是讨论"道",庄子一方面指出了宇宙的本原和本性,另一方面也论述了人对于宇宙和万事万物应采取的态度,"天地有大美而不言,四时有明法而不议,万物有成理而不说"就属于后者。

庄子认为,天地的大美、四时的序列、万物的荣枯都是由于"道"的伟力所致。关于这一点,荀子也有相关论述,他说:"天上众星相随运转,日月交替照耀大地,春夏秋冬都能有规律地运行而不停止,阴阳生化万物,风雨泽被大地,万物各得天时的调和、风雨的滋润而生长成熟,人们看不到它的操作,只看到它的成果,这就是天道的神秘作用。"("列星随旋,日月递,四时代御,阴阳大化,风雨博施,万物各得其和以生,各得其养以成,不见其事而见其功,夫是之谓神。")面对这样的大自然,庄子认为虔诚才是本分,而不应该喋喋不休地妄加揣测和议论。因为喋喋不休的言说得到的未必就是事实的真相。

"不言""不议""不说"是庄子提倡的对待自然的态度，其实对于人类的世界，与人相处，"不言""不议""不说"也是一种明智的方式。老子也不赞成多言，他说："知者不言，言者不知。"意思就是，明智的人不随便说话，随便说话的人没有真知灼见。古希腊哲学家泰勒斯也说："多言不表明有才智。"

人群中不乏不言的智者。因为真正明了事物的运转规律，早已洞达世故世情，所以他们不会随便发表言论来议论、攻击别人。他们懂得什么时候应该沉默，什么时候应该倾听，所以他们能够妥善地处理好人际关系。

"天地有大美"，我们需要做的是用心体会天地的大美，以适时的"不言"态度与人和谐相处。

[闲话人生]……

三个金人 曾经有个外国的使者到中国来，进贡了三个一模一样的金人，把皇帝高兴坏了。可是使者同时提了一个问题：这三个金人哪个最有价值？皇帝请来了珠宝匠，经过称重量、看做工，发现三个金人都是一模一样的。这可让皇帝如何回答？最后，有位老臣说他有办法。老臣将一根稻草插入第一个金人的耳朵里，这稻草从另一个耳朵出来了。老臣又将稻草插入第二个金人的耳朵里，稻草从嘴里直接掉出来了。而第三个金人，稻草进去后掉进了肚子里，什么声响也没有。老臣说："第三个金人最有价值！"使者默默无语，答案正确。

[心灵捕手]……

多听少说

最有价值的人不是左耳朵进右耳朵出的人,也不是能说会道的人,而是多听少说的人。

古希腊哲学家芝诺说:"我们之所以有两只耳朵而只有一张嘴,是为了让我们多听少说。"面对滔滔不绝夸夸其谈的青年,芝诺说:"你的耳朵掉下来变成舌头了?"青年赶紧闭嘴,脸红了一片。

心理学研究表明,越是善于倾听他人意见的人,与他人关系就越融洽。因为你的耐心倾听,等于告诉对方"你是一个值得我倾听你讲话的人"。同时,倾听还是一个学习的过程,倾听能够让我们及时地把握对方的信息,了解对方的经验教训,从而能让我们少走弯路,弥补自己的不足。

古语云:"处世戒多言,言多必失。"当你滔滔不绝时,别人能从你的话语中摸到你的底细,也许就找到了对付你的武器。因此,为了更好地保护自己,多听少说吧。

人生天地之间，若白驹之过隙

[原文]……

人生天地之间，若白驹之过隙，忽然而已。

选自《庄子·知北游》

人生在天地之间，就像阳光掠过空隙，一转眼而已。这几句是说光阴易逝。

[名师讲谈]……

岁月如梭，时光似箭，我们常常发出"时间过得真快呀"这样的感叹，其实古人也有这种感叹，庄子说："人生天地之间，若白驹之过隙，忽然而已。"这几句话就是成语"白驹过隙"的来源。

其实庄子在《知北游》篇不止一次论及人的生命短暂，他说，有的人长寿，有的人短命，两者相差多少呢？说起来只不过是俄顷之间而已。想一想，一个人的生命多者百岁，这百岁的时间和没有源头也没有尽头的宇宙时间比起来，可不就像是转瞬即逝的阳光？既然生命是短暂的，庄子认为只有顺道而生、应道而行才能永恒。

生命是短暂的，而一个人只有一次生命，那么这唯一的一次生

命无疑是万分珍贵的。美国政治家、发明家富兰克林说："你热爱生命吗？那么别浪费时间，因为时间是构成生命的材料。"时间就是生命，许多取得重大成就的人看到了生命短暂这一客观事实，故此他们无一不惜时如金，与时间赛跑，争分夺秒。爱迪生为了发明创造，通常彻夜不眠，他一生共有约两千项发明创造，成为闻名全球的发明大王。法国著名作家巴尔扎克，每天用十六七个小时的时间如痴如狂地奋笔疾书，即使累得手痛眼花、手指发麻，也不肯浪费一刻时间，他留下了人们深深喜爱的包括91部小说的巨著《人间喜剧》。居里夫人为了不使来访者拖延拜访的时间，会客室里从来不放座椅，她的惜时如金让她发现了两种新的化学元素，并两次获得诺贝尔奖。

鲁迅说："节约时间，也就是使一个人的有限的生命，更加有效，而也就等于延长了人的寿命。"你想以另一种方式延长你的生命吗？那么，从现在开始，珍惜时间，节约时间吧。

[闲话人生]……

生命就像一根火柴 "孩子，趁年轻，何不埋头苦干，以成就一番事业呢？"一位老人劝告一名少年。

少年满不在乎地说："何必那么急呢？我的青春年华才刚刚开始，时间有的是！再说，我的美好蓝图还未规划好呢！"

"时间可不等人啊！"老人说，并把少年引到一个伸手不见五指的地下室里。

老人擦亮一根火柴，对少年说："趁火柴未熄，你在这地下室里随便选一件东西出去吧！"

少年借助微弱的亮光，努力辨认地下室的物品，还未等他找到一样东西，火柴就燃尽了，地下室顿时又变得漆黑一团。

"我什么也没拿到，火柴就灭了！"少年抱怨道。

老人说："你的青春年华就如同这燃烧的火柴，转瞬即逝，孩子，你要珍惜啊！"

[心灵捕手]……

时间就是生命

许多人就像故事中的年轻人一样，不懂得生命转瞬即逝这一道理，因此他们总以为时间还多着呢，许多事情都推到明日去做，岂不知"明日复明日，明日何其多，我生待明日，万事成蹉跎"。多少人因为虚度光阴而后悔，但是已枉然。

时间的流逝是无情的，只要稍不注意，它就会像白驹过隙般地流逝过去。朱自清在《匆匆》一文中写道："洗手的时候，日子从水盆里过去；吃饭的时候，日子从饭碗里过去；默默时，便从凝然的双眼前过去。"

一位年老的亿万富翁望着朝气蓬勃的青年人说："真是羡慕你们，如果可能，我愿意用所有的财富买回青春！"是啊，年轻是世界上最令人羡慕、最有价值的财富。因为年轻，你有足够的时间去做你想做的事情，去实现你的人生理想。

莫等闲，白了少年头。珍惜你的财富，珍惜你的生命吧。

好面誉人者，亦好背而毁之

[原文]……

好面誉人者，亦好背而毁之。　　　　　选自《庄子·盗跖》

喜欢当面称赞别人的人，也喜欢背后毁谤人。这句话是说有些人表里不一。

[名师讲谈]……

两千年多前，庄子就对人情有了通透的体悟，认识到某些人表里不一。他是通过江湖大盗跖和孔子的故事来表现的。跖烧杀抢掠，无恶不作。奉行仁义道德的孔子为救人民于水火之中，便来到贼窝教化他。孔子先是将他夸奖了一番，说跖相貌堂堂，德才兼备，接着又以利诱，说跖只要"罢兵休卒"，自己愿"南使吴越，北使齐鲁，东使宋卫，西使晋楚"，要为跖"造大城数百里，立数十万户之邑，尊将军为诸侯"。没想到跖一针见血地指出"好面誉人者，亦好背而毁之"，并且列举大量事实，揭露了孔子"诈巧虚伪"的真面目和他宣扬的"仁义礼智"的本质。孔子无言以对，只好黯然离去。

孔子是否会在背后说跖的坏话，我们不得而知，不过确实有这样表面一套、背后一套的人在历史上留名。唐玄宗时期，李林甫为宰相后，对于朝中百官凡是受到玄宗宠信或官位快要超过自己的人，李林甫一定要想方设法除去。但他总是在表面上表现出和人很友好，嘴里并说尽所有好听的、善意的话。日子久了，人家就发现了他的这种伪善，于是大家说他"口有蜜、腹有剑"。唐朝还有一个做中书侍郎的李义府，平常的言行举止显得非常忠厚和温和。而且，他不管和谁说话，总是先自己咧开嘴笑，表现出十分诚恳和善良的样子。其实他心地既刻薄又奸诈，常使用阴险的计策害人。日子久了，人家也发现了他的这种假面具，就说他"笑里藏刀"。

像李林甫和李义府那样表里不一的人是非常可怕的，与这样的人相处，一不小心便会上当受害。因此，我们生活中与人交往，要特别警惕那些当面说好话恭维别人而背后又说尽别人坏话的人，这样的人是不能与其为伍的。

[**闲话人生**]……

捡起地上的鸡毛　有一次，一个女孩找到一位牧师倾诉自己的苦恼。听她说了一会儿，牧师知道了女孩的缺点，其实她的心地并不坏，就是喜欢说些无聊的闲话。可是，这些闲话传出去以后会给别人造成许多伤害。

牧师说："现在，我命令你要为此赎罪。请你到市场上买一只母鸡，沿路拔下鸡毛并四处散布。等你做完这件事以后就来找我吧。"

于是，女孩遵照吩咐买了一只母鸡，并拔下了鸡毛。这些事都做完之后，她回去找牧师。

牧师说："现在你必须回到路上，捡起所有的鸡毛。"

女孩大吃一惊，说："这怎么可能呢？风已经把它们吹得到处都是了。也许我可以捡回一些，但是我不可能捡回所有的鸡毛。"

"没错，我的孩子。"牧师严肃地说，"你不也常常从口中吐出一些愚蠢的谣言吗？你有可能在你想收回的时候就收回吗？"

[心灵捕手]……

慎言，慎对他人言

就像鸡毛散落在地上没法全部捡回来一样，说出去的话也是收不回来的。有些人喜欢在背后议论别人，常常可以看到这样的场面：几个人聚在一起，议论这个人的不是，评价那个人的缺点。这种在背后议论别人的行为是为君子所不齿的，而且是一种害人又害己的行为，因为"言者无意，听者有心"，在背后议论别人的话，早晚有一天会传到他人的耳中，这肯定会给双方造成摩擦，甚至引起误会，伤害彼此之间的感情。因此，我们应该约束自己，既要努力做到不在背后议论别人，不散播流言蜚语，也尽量避免和在背后说别人坏话的人交往。

此外，喜欢背后毁人者多半喜欢当面誉人，因此遇到口如蜜糖般的人时，千万要保持清醒，不能被他们的甜言蜜语冲昏了头脑而对他丝毫不设防，因为一旦他掌握了你的底细，不知何时他就会放出暗箭，做出伤害你的事。

真者，精诚之至也

[原文]……

真者，精诚之至也。不精不诚，不能动人。故强哭者虽悲不哀，强怒者虽严不威，强亲者虽笑不和。真悲无声而哀，真怒未发而威，真亲未笑而和。

选自《庄子·渔父》

  本真乃是精诚的极致。不精心诚意，就不能感动人。所以勉强哭泣的人虽然悲痛却不哀伤，勉强发怒的人虽然严厉却没有威势，勉强表示亲切的人虽然笑脸相迎却不和气。真正的悲痛，就算没有哭声，也是哀伤的；真正的发怒，还没有发作就已经威势逼人；真正的亲切，还没有笑就已经让人感到和气了。这段话论述了"真"的本质和表现。

[名师讲谈]……

  庄子所谓的"真"，就是本真；"强"就是勉强，勉强自己就不是顺应真实性情，就是委屈作伪，因此不能打动人。在庄子看来，儒家所提倡的礼仪是世俗所为，会束缚人的本性，而本性是禀受于自然，是不应该改变的，因此圣人效法自然，抱守本真，不拘于世俗。

  在不拘世俗方面，"竹林七贤"中的阮籍算是一个代表人物。阮籍事母极孝，母亲去世时，他正在与别人在下棋。死讯传来，对方要求停止，阮籍却不肯停手。下完棋，他在别人讶异的目光下端起酒杯，饮酒两斗，然后才放声大哭，哭的时候，口吐大量鲜血。几天后，母亲下葬，他又吃肉喝酒，然后才与母亲的遗体告别并放声痛哭，吐血数升，此时的他早已因悲伤过度而急剧消瘦，几乎丧命。

儒家强调守孝，而且礼仪繁复，父母去世后，要三年服丧，三年素食，三年寡欢，甚至三年守墓，将儿女对父母的真诚扩充成伪饰，让活着的和死了的都长久受罪。母亲去世后，阮籍并不像世人那样恪守世间各种丧礼，但他对于母亲死亡的悲痛之深，完全是真实的。他这种超乎"孝"的礼法来真正行孝的做法，正说明他是一个有至真性情、追求自由、想活得真实和洒脱的一个人。

"真"是精诚的极致，不仅庄子推崇这种品德，英国作家乔叟也说："做人要真实，真诚才是人生最高的美德。"让我们保持自己的本真，磊落做人。

[闲话人生]……

少年与海鸥　　渔村里住着一位孤独的少年。每天清晨，少年都要划着船到海上捕鱼。很快，一群海鸥和少年混熟了。每当少年的小船划到海上，几百只海鸥都会向他飞来。有的在小船的上空盘旋飞舞，有的停在

船头上体息,有的则飞落到少年的怀抱里、肩膀上。

少年的父亲有一天知道了海鸥同儿子的事,眼珠骨碌碌一转,说:"孩子,这可是一桩好买卖,你明天出海时捉几只回来给我,好吗?"少年答应了父亲的要求。

第二天,少年划着小船来到了海上。他反复默念着父亲对他的嘱咐:要装得和平日一样,自自然然的。可那些海鸥好像看透了少年在想些什么,它们只是在上空高高地回旋飞翔,再也不肯停落在他的身边。

[心灵捕手]……

真诚是无往不利的一把剑

"真亲未笑而和",当少年对海鸥真诚相待时,海鸥聚集在他的身边和他嬉戏;"强亲者虽笑不和",当少年怀有不好的念头时,海鸥们似乎已经看透少年的心思,再也不肯停落在他的身边,少年最终失去了海鸥朋友。

作家三毛说:"人际关系最重要的,莫过于真诚,而且要出自内心的真诚。真诚在社会上是无往不利的一把剑,走到哪里都应该带着它。"真诚的人,不投机取巧,不弄虚作假,不虚伪矫饰,为人坦荡,光明磊落,眼睛里流露的是内心的真实想法。这样的人以真诚的心来对待别人,他能赢得别人的信任,还能收获友谊,得到别人的帮助。

我们常说将心比心,当你待人以善意,别人会以善意相报;当你待人以真诚,别人必以真情回馈。

凡人心险于山川，难于知天

[原文]……

凡人心险于山川，难于知天。

选自《庄子·列御寇》

人心比山川还要险恶，（了解一个人）比知天还要困难。这是说人心叵测。

[名师讲谈]……

有句俗话叫做"知人知面不知心"，意思是说人心叵测。先哲庄子在《列御寇》篇也表达了这样的观点，他借孔子之口，道出"凡人心险于山川，难于知天"。唐代诗人白居易也有同感，他在《太行路》一诗中写道："太行之路能摧车，若比人心是坦途。巫峡之水能覆舟，若比人心是安流。"

有些人确实如此。战国时期，魏王送给楚王一个美女，楚王特别喜欢她。楚王之妃郑袖见楚王如此宠爱新人，心中十分妒忌。然而，她却深藏不露。她对新人处处投其所好，渐渐赢得了新人的信任。一天，她装作好心相告的样子对新人说："楚王不喜欢你的鼻子，如果你再见楚王时把鼻子捂住，楚王会更加宠爱你。"新人不知是计，听从了郑袖的话，从此，每次见到楚王，都要用手捂住自己的鼻子。楚王见了很纳闷，便问郑袖："为什么新人见我时捂着鼻子？"郑袖说："她好像厌恶你身上的臭味。"楚王一听，火冒三丈，下令割掉了新人的鼻子。

郑袖表面善良，实际内心狠毒，这是人心深不可测的表现之一，除此之外，人心不可测还有哪些表现呢？庄子进行了具体描述。他说，有的人貌似老实却内心骄溢，有的人貌似长者却心术不正，有的人外表圆顺而内心刚直，有的人外表坚韧而内心懈怠涣散，有的人表面舒缓而内心急躁。种种现象表明了人外表和内心的不一，这提醒我们不能仅仅从表面来判断一个人。

人心如此深不可测，难道我们就没办法察看他人了吗？庄子给我们提供了察人之法：让他远离自己任职以观察他是否忠诚，让他就近办事以观察他是否恭敬，让他处理纷乱事务以观察他是否有能力，对他突然提问以观察他是否有心智，把期限紧迫的任务交给他以观察他是否守信用，把财物托付给他以观察他是否清廉，把危难告诉给他以观察他是否持守节操，用醉酒的方式以观察他的仪态，用男女杂处的办法以观察他对待女色的态度。上述九种表现一一得到验证，不好的人也就自然挑捡出来了。

人心难测，我们要学会保护自己，除了不能轻信别人，最好能够牢记庄子的察人之法。

[闲话人生] ……

发生在商店里的事 一个学生去逛商店,临出门,突然有个女人匆匆跑来对她说:"我肚子痛,要上厕所。可是我跟先生约好,他就在门口的一辆白色车子上等我,能不能麻烦您,告诉他一下!"说完,她还塞了两包东西给学生,"这也麻烦交给他!"学生还没出门,就被商店的人抓住。她抱着两包没有付钱的贵重商品,吓得呆呆地站在那儿,因为人赃俱获而百口难辨。至于那妇人和白车早消失了踪影。

[心灵捕手] ……

防人之心不可无

东郭先生帮助狼逃脱了猎人的追捕,而狼反过来却想吃了他;学生好心帮助他人,不料却被人家栽赃。东郭先生和学生犯了同样的错误,对他人太过信任,以至于自己的仁慈和善良被别人利用。

中学生由于涉世未深,对世界怀有美好的期望,认为世上都是好人。但我们必须认清一个现实,这世界是美好的,但并不能由此就认定这世界上的一切都是美好的。有一些人会因为贪图利益而怀有害人之心,他们常常以忠厚之貌示人,实际上内心阴险狡诈,或如李林甫般口蜜腹剑,或如李义府般笑里藏刀。与这样的人打交道,难免不被他们算计。这就告诉我们,与人相处时,"防人之心不可无"。有了防人之心,可以将危险挡在门外,避免自己受到伤害。

提高警惕,慎重对待他人,这也是一种需要学会的生存智慧。

衣以文绣，食以刍菽

[原文]……

子见夫牺牛乎？衣以文绣，食以刍菽。及其牵而入于大庙，虽欲为孤犊，其可得乎！

选自《庄子·列御寇》

你见过那祭祀的牛吗？（它）披着纹彩锦绣，吃着上等的草料、豆子。等到一朝被牵入太庙里去（即将被宰杀），它要想做只孤单的小牛，办得到吗！

[名师讲谈]……

庄子拒绝出仕，曾两次拒绝"有国者"的征召，一次见于《秋水》篇，另一次见于《列御寇》篇。第一次，他以楚国神龟为喻，说自己宁愿像乌龟一样在烂泥里自由自在地爬，也不愿死后被供奉起来。这一次，他又拿祭祀的牛做起了文章，说自己宁愿做一只孤单的小牛，也不愿被养得膘肥体壮后被当做供品而遭宰杀。由此不难看出庄子贵自由而轻名利的处世态度。

庄子面对突如其来的名利，表现得异常清醒，那是因为他看到了名利之后潜伏的危险。就以那些用来祭祀的牛来说吧，它们表面上很光鲜：穿着华丽的衣饰，吃着上等的草料，心安理得地接受着人们的惯宠，过着饭来张口、衣来伸手的安逸生活。可是有一天，祭祀的时刻到了。面对屠夫亮闪闪的屠刀，它们猛然醒悟，可是一切都晚了，再想做一头自由自在的野牛,哪里还有可能!祭祀的牛所犯的错误就是贪图享受,被安逸冲昏了头脑,由此可见,长期处于安逸环境中,后果是非常危险的。

有这样一个故事:寒冷的冬天来了,野猪找不到吃的,肚子饿得要命。这时,它想起自己的远房亲戚——家猪。家猪吃喝有人伺候,而且除了吃就是睡,那样的生活不正是自己所向往的吗?不过野猪马上又清醒了,有人供吃供喝虽然不错,但也是有代价的,那就是死。想到这里,野猪打了个寒战。然而在饿了三天之后,野猪又动摇了,它跳进了猪圈。整整一个冬天,野猪和家猪一样吃了睡,睡了吃。过年了,农夫发现了膘肥体壮的野猪,准备第二天宰杀它。野猪决定在当晚逃命,可是此时的它已经跳不出猪圈——几个月的暴食加上没有往日在山林中的跋涉磨练,它已经失去了反抗的能力,只好任人宰割。对于贪图安逸者来讲,野猪的下场足以使人引以为鉴。

古往今来,"安逸"一词都用来形容庸懒、停滞不前。孟子说,"逸豫可以亡身",但凡与"安逸"挂上钩的人,特别是古代君王,无不遭遇国破家亡的惨况。商纣王花天酒地,不理朝政,结

果兵败牧野；蜀汉后主刘禅乐不思蜀，父亲创下的基业被他毁于一旦；李自成及其将领进驻北京后，贪图安逸，建立的大顺王朝顷刻之间灰飞烟灭……

　　贪图安逸会给自己带来祸患，勇敢面对困苦、在安逸面前保持清醒的头脑才是我们应该具有的生活态度。

[闲话人生]……

兔子三瓣　兔子三瓣长大了，离家之前，兔妈妈反复叮嘱："无论如何，都不要吃窝边的草。"三瓣在山坡上建造了自己的家，它牢记母亲的叮咛，总是到离洞口很远的地方去吃草。秋天过去了，一切安然无恙。

　　这一天刮着很冷的西北风，三瓣实在不想顶着大风到很远的地方觅食。"我只吃一点，明天天气好了，我就出去觅食。"三瓣安慰着自己，把肚子吃得滚圆。

　　过了几天，下起了大雪，三瓣又在家门口填饱了肚子，不过这一回，他换了一个洞口。"我有3个洞口，每个洞口都有很多草。我不过是在天气不好的时候，在每个洞口吃一点点草而已。"于是，在每一个恶劣的天气，三瓣都找到了一个解决吃饭问题的捷径。

　　一天，睡梦中的三瓣突然觉得有些异样。他睁开眼睛，发现一只狼堵在他的家门口，正试图把洞口挖开。三瓣连忙跑向别的洞口，却惊讶地发现，另两个洞口已经被岩石牢牢堵住了！

　　"从你第一次吃窝边草，我就知道这里有只兔子，可我知道狡兔三窟，摸不清另两个洞口的位置，不好下手。"狼得意地说。直到这时，三瓣才明白母亲的教诲是多么正确！

[心灵捕手] ……

不要贪图安逸

贪图安逸的三瓣最终没有逃脱被狼吃掉的命运，这又是一个血淋淋的教训。在安逸的生活环境中，人容易丧失斗志，容易自我松懈，变得没有进取心，结果给自己埋下危险的种子。因为安乐的生活虽然表面上舒适悠闲，但是在不远的未来却潜伏着巨大的生存危机。

孟子云："生于忧患，死于安乐。"心存忧患意识的之人，必定励精图治，奋发图强；贪图安乐之人，必定乐于享受，无所作为。球王贝利成名后，有个记者采访他："您的儿子以后是否也会同您一样，成为一代球王呢？"贝利回答："不会。因为他与我的生活环境不同。我童年时的生活环境十分差，但正是这种恶劣的环境磨练出我坚强的斗志，使我有条件成为球王；而他生活安逸，没有经受困难的磨练，他不可能成为球王。"

去除贪图安逸之心，心存忧患意识，才能经受得住生活的考验，立于不败之地。

图书在版编目（CIP）数据

《庄子》中的大智慧/龚勋主编．—汕头：汕头大学出版社，2012.1（2021.6重印）
ISBN 978-7-5658-0419-9

Ⅰ．①庄… Ⅱ．①龚… Ⅲ．①道家②庄子－少儿读物 Ⅳ．①B223.5-49

中国版本图书馆CIP数据核字（2012）第003286号

《庄子》中的大智慧
ZHUANGZI ZHONG DE DA ZHIHUI

总策划	邢 涛	印 刷	唐山楠萍印务有限公司
主 编	龚 勋	开 本	705mm×960mm 1/16
责任编辑	胡开祥	印 张	10
责任技编	黄东生	字 数	150千字
出版发行	汕头大学出版社	版 次	2012年1月第1版
	广东省汕头市大学路243号	印 次	2021年6月第7次印刷
	汕头大学校园内	定 价	34.00元
邮政编码	515063	书 号	ISBN 978-7-5658-0419-9
电 话	0754-82904613		

● 版权所有，翻版必究 如发现印装质量问题，请与承印厂联系退换